W0247551

Clematis

Andreas Bärtels

Clematis
Kletterpflanzen für jeden Garten

3., durchgesehene Auflage
116 Farbfotos
7 Zeichnungen

VERLAG
EUGEN
ULMER

Frontispiz Seite 2:
Clematis montana
'Elizabeth'
in einem
englischen Park

Großes Umschlagfoto: 'Nelly Moser' Bildausschnitt

Kleine Umschlagfotos, Titelseite, rechts: 'Hisa', links: 'Yukikomachi'

Umschlagrückseite: Bildausschnitt, rechts: 'Lasurstern', links: 'Ville de Lyon'

Die Deutsche Bibliothek – CIP-Einheitsaufnahme

Bärtels, Andreas:
Clematis : Kletterpflanzen für jeden Garten / Andreas Bärtels. –
3., durchges. Aufl. – Stuttgart (Hohenheim) : Ulmer, 1999
   Bis 2. Aufl. u.d.T.: Bärtels, Andreas: Schöne Clematis
   ISBN 3-8001-6686-0

Das Werk einschließlich aller seiner Teile ist urheberrechtlich geschützt.
Jede Verwertung außerhalb der engen Grenzen des Urheberrechtsgesetzes ist
ohne Zustimmung des Verlages unzulässig und strafbar.
Das gilt insbesondere für Vervielfältigungen, Übersetzungen, Mikroverfilmungen
und die Einspeicherung und Verarbeitung in elektronischen Systemen.

© 1989, 1999 Eugen Ulmer GmbH & Co.
Wollgrasweg 41, 70599 Stuttgart (Hohenheim)
Printed in Germany
Lektorat: Ingeborg Ulmer, Agnes Pahler
Herstellung: Ursula Stammel
Umschlag mit Fotos von Andreas Bärtels
Satz: Typomedia Satztechnik GmbH, Ostfildern
Druck und Bindung: Passavia Druckerei GmbH, Passau

Vorwort

Kletterpflanzen erleben gegenwärtig eine wahre Renaissance. Nie zuvor sind in Privatgärten und im öffentlichen Bereich so viele Kletterpflanzen verwendet worden wie in den letzten Jahren. Die andauernde Diskussion über die Notwendigkeit ökologischen Denkens und Handelns hat dazu sicher entscheidend beigetragen. In unseren Städten und Siedlungen tragen begrünte Fassaden zur Verbesserung der Umwelt und zur Hebung der Lebensqualität bei, im Hausgarten sind sie »nur« ein Mittel zur Verschönerung der eigenen Umgebung.

Unter allen verholzenden Kletterpflanzen, die im mitteleuropäischen Klima gedeihen können, haben die *Clematis* allein von ihrer Zahl her die größte Bedeutung. Keine andere Gattung umfaßt so viele Arten und Sorten wie sie. Aber auch keine andere Gattung, ausgenommen vielleicht die Rosen und Wisterien, stellt eine solche Fülle prachtvoll und auffallend blühender Kletterpflanzen wie die *Clematis*.

In Baumschulen, Staudengärtnereien und Gartencentern finden jährlich einige hunderttausend *Clematis* ihre Abnehmer. Überall ist zu beobachten, daß sich die Zahl der angebotenen Wildarten und Gartenformen außerordentlich erhöht hat. Nie zuvor war das Angebot an schönen *Clematis* so groß wie gegenwärtig.

Dieses Buch wendet sich an alle Clematis-Liebhaber, an den Anfänger ebenso wie an den versierten Gartenbesitzer und Fachmann. Es stellt zahlreiche Wildarten und Gartenformen vor, beschreibt ihre Eigenschaften, ihre Verwendungsmöglichkeiten und ihre Standortansprüche. Ausführlich werden alle gärtnerischen Maßnahmen – Bodenbearbeitung, Pflanzung, Pflege, Schnitt – beschrieben, die für ein optimales Gedeihen der *Clematis* notwendig sind.

Die Aussagen stützen sich auf die eigene, mehr als vierzigjährige Erfahrung im Umgang mit Gehölzen ebenso wie auf neueste gärtnerische Clematis-Literatur. Sie stammt vor allem aus England (Evison 1985, Fisk 1994 und Fretwell 1994), wo man sich schon lange intensiv mit *Clematis* beschäftigt. In Holland, in der Proefstation voor de Boomteelt in Boskoop hat man vor einigen Jahren umfangreiche Untersuchungen über den Gartenwert der großblumigen *Clematis*-Hybriden angestellt. Nach einer erfreulich kurzen Zeit folgt hier nun eine erweiterte zweite Auflage des Buches. Neben einigen zusätzlich aufgenommenen Wildarten werden vor allem zahlreiche weitere großblumige Sorten behandelt, die in den letzten Jahren von den Baumschulen neu aufgenommen worden sind.

In der Nomenklatur der Wildarten wird hier weitgehend dem 1991 erschienenen Clematis-Index gefolgt.

Für manche Hinweise zu danken habe ich einigen Kollegen aus Botanischen Gärten und aus Baumschulen, die sich speziell mit der Anzucht von *Clematis* beschäftigen.

Mein Dank gilt auch dem Verlag Eugen Ulmer, vor allem Frau Ingeborg Ulmer und Frau Ursula Stammel für die herzliche Zusammenarbeit und für die Ausstattung des Buches.

Andreas Bärtels, Waake im Herbst 1995

Inhaltsverzeichnis

Rechte Seite:
Clematis 'Ulrique'.
Beschreibung
Seite 100

Linke Seite:
Clematis × *durandii*
vor Rittersporn
in einer
in Violett und Blau
gehaltenen
Staudenrabatte.
An der Mauer die
großblumige
Clematis-Sorte
'Victoria'.
Beschreibung
Seite 52 und 115

*Clematis
ligusticifolia*
**Beschreibung
Seite 76**

Clematis – Vielfalt an Formen und Farben

Von allen winterharten Kletterpflanzen – rund 20 Gattungen mit ihren zahlreichen Arten lassen sich bei uns kultivieren – sind die Waldreben, im Sprachgebrauch allgemein als *Clematis* bezeichnet, sicher die attraktivsten. Man bezeichnet sie nicht umsonst als »Königin der Kletterpflanzen«. Bestenfalls können da die Wisterien mit ihren langen, blauen Blütentrauben mithalten. Aber auch sie erreichen selten die kompakte Fülle prächtiger Blüten wie die Waldreben.

Die rund 250 Wildarten und eine noch weit größere Zahl an Hybriden und Sorten bescheren uns eine Fülle verschiedener Wuchstypen, Blütenfarben und -formen. Wir kennen krautige und verholzende Arten, Waldreben, die nur schwach klettern, aber auch Arten, die bis in die Kronen hoher Bäume klettern und an günstigen Standorten in der Natur ganze Buschlandschaften überspinnen können. Dieses Durchsetzungsvermögen traut man den mit ihren dünnen Trieben und zierlichen Blättern so zart erscheinenden Waldreben eigentlich gar nicht zu.

Die Blüten der meisten Wildarten sind vergleichsweise klein, einfach und bescheiden, dafür oft grazil und elegant. Sie können glockig, röhrig oder krugförmig sein und sich dabei nie ganz öffnen. Bei anderen Arten spreizen sich die Tepalen weit und bilden tellerförmige Blüten. Die Blüten können einzeln stehen oder zu vielen in Rispen vereint sein, sie nicken oder stehen aufrecht. Neben den meist kleinblumigen, europäischen Arten kennen wir auch recht großblumige, fernöstliche Arten, die bei uns aber kaum in Kultur sind. Ihr Erbgut ist in die sogenannten großblumigen Hybriden eingeflossen.

Viele Wildarten haben weiße Blüten, einige aber auch blaue, rote und gelbe. Die gelbe Blütenfarbe haben sie den großblumigen Hybriden voraus. Bisher kennen wir noch keine Sorte, die farblich dem kräftigen Gelb der Orientalischen oder der Mongolischen Waldrebe gleichkommt.

Leider haben nur wenige der zahlreichen Wildarten so attraktive Blüten, daß sie als Gartenpflanzen von Bedeutung sind. Neben ihren Blüten schmücken sich viele Wildarten aber im Spätsommer und Herbst mit einer Fülle von Fruchtständen, in denen die Samen einen langen, fedrigen, oft silbrigen Haarschopf tragen. Nur wenige großblumige Sorten haben einen ähnlich dekorativen Fruchtschmuck.

Die meisten Sorten, die überwiegend zu den sogenannten großblumigen Hybriden gehören, sind mit ihren großen, tellerförmigen, auffallend gefärbten Blüten spektakuläre Kletterpflanzen, die »schönsten aller Mauerblumen«. Ihre fast stets flach ausgebreiteten und dem Betrachter zugewandten Blüten können Größen von mehr als 20 cm Durchmesser erreichen. Ihr Farbspektrum reicht vom reinen Weiß über alle Schattierungen von Rosa, Rot, Violett bis Blau. Purpur, Blau und Violett sind die vorherrschenden Farben. Leider sind die blauen Farben nicht so klar wie etwa beim Rittersporn, der ein naher Verwandter der Waldreben ist, die meisten sind purpur- oder malvenfarbig angehaucht. Auch die roten Farben sind nicht rein, sie enthalten Schattierungen von Blau oder Purpur. Frisch und leuchtend zeigen sich

Clematis 'Twilight'
mit *Hemerocallis*
im Staudenbeet.
Beschreibung
Seite 115

rosafarbene Sorten, die oft mit dunkleren Streifen gezeichnet sind. Sie eignen sich vor allem für beschattete Standorte, weil selbst tiefe Rosatöne im starken Sonnenlicht verblassen.

Starke Farbkontraste innerhalb einer Blüte kommen nie vor, nur meist dunkler gefärbte Streifen auf den Blütenblättern. Obwohl oft intensiv gefärbt, sind die Blüten nie schreiend und aufdringlich, bei allen Sorten sind sie pastellartig weich. Seit tüchtige Gärtner die großblumigen Hybriden vor mehr als 100 Jahren durch Kreuzungen von Wildarten und Gartenformen gewannen, sind sie begehrt und geschätzt. Als Gartenpflanzen werden sie den Wildarten im allgemeinen vorgezogen.

Botanik und Einteilung der Gattung Clematis

Der wissenschaftliche Gattungsnahme der Waldreben, *Clematis*, leitet sich vom griechischen »klema« ab, was soviel wie Zweig oder Weinrebe bedeutet.

Die Gattung *Clematis* gehört zur Familie der Hahnenfußgewächse der Ranunculaceae, die rund 50 Gattungen mit über 1800 Arten umfaßt. Allgemein bekannte Gattungen sind zum Beispiel Hahnenfuß, *Ranunculus*, Anemone, *Anemone*, Rittersporn, *Delphinium*, Eisenhut, *Aconitum*, Wiesenraute, *Thalictrum* und Winterling, *Eranthis*.

Innerhalb der Familie nimmt die Gattung *Clematis* eine Sonderstellung ein. Zusammen mit der in Afrika heimischen Gattung *Clematopsis* stellt sie eine der fünf Gattungsgruppen (Tribus) der Hahnenfußgewächse, die Clematidae.

Botanische Merkmale

Im Gegensatz zu den meist krautigen Pflanzen der Familie sind die meisten *Clematis*-Arten verholzende Kletterpflanzen. Ihre Blätter sind nicht grund- oder

'Alice Fisk' im Staudenbeet mit Fackellilien und graulaubigen *Helichrysum petiolaris*. An der Mauer die *Clematis viticella*-Sorte 'Madame Julia Correvon'. Beschreibung Seite 90 und 112

wechselständig, wie innerhalb der Familie sonst üblich, sondern gegenständig. Schließlich fehlen den Blüten die Kronblätter. Was wir als Blüte bewundern und meist als Blütenblätter bezeichnen, sind in Wirklichkeit die Kelchblätter.

Aufbau und Habitus

Krautige Arten und Halbsträucher

Alle Waldreben sind mehrjährige Pflanzen, entweder Stauden, Halbsträucher oder holzige Lianen. Die krautigen Arten wachsen mehr oder weniger aufrecht oder niederliegend. Im Herbst sterben ihre oberirdischen Pflanzenteile vollkommen ab, die der Halbsträucher nur teilweise. Nicht immer ist es möglich, eine klare Trennung zwischen den Wuchsformen Staude und Halbstrauch zu ziehen. Manche krautigen Arten, deren Erneuerungsknospen, wie bei Stauden allgemein üblich, dicht über oder unter dem Erdboden sitzen, können in milden Gebieten am Grunde ihrer Triebe mehr oder weniger stark verholzen. Die völlig

Verholzende Arten

verholzenden Arten sind Kletterpflanzen mit auffallend dünnen Trieben und Stämmen, die auch im Alter nur geringe Durchmesser, aber Längen von über 10 m erreichen. Die seilartig dünnen Stämme unterscheiden sich von den Stämmen anderer Holzarten durch ihren anatomischen Aufbau. Während der Stamm bei Bäumen und Sträuchern aus einem kompakten Holzkörper besteht, ist dieser bei *Clematis* auffallend porös. Bei *C. vitalba*, deren Stämme einen Durchmesser von etwa 3 cm erreichen, sind die Gefäße auch ohne Lupe deutlich zu erkennen. Besonders das Frühjahrsholz hat auffallend große Gefäße, die zuweilen die Hälfte des Jahrringes ausmachen. Sie sorgen trotz der geringen Stammdurchmesser dafür, daß genügend Wasser für die Versorgung des Blattwerkes transportiert werden kann.

Clematis sind Blattranker

Die Sproßstränge von *C. vitalba* werden kaum über zwanzig Jahre alt, die basalen Stammteile können dagegen bis zu vierzig Jahre alt werden.

Blätter und Haftorgane

Die Blätter der *Clematis*-Arten sind gegenständig. Die Blattpaare sitzen an verdickten Knotenabschnitten und mehr oder weniger weit voneinander entfernt. Eine volle Blattentwicklung setzt oft erst in einem größeren Abstand unterhalb der Triebspitze ein. Mit Ausnahme der Knotenabschnitte sind die Sprosse hohl. Die Blätter können dreizählig oder unpaarig gefiedert, unregelmäßig zusammengesetzt oder einfach sein. Die Gestaltung der Blätter unterliegt einer großen Variabilität, die für zahlreiche Übergänge sorgt. Das gilt auch für die Blattränder, die ganzrandig, gezähnt, buchtig gezähnt oder auch gezähnt-gelappt sein können. An einer Pflanze können die Blätter durchaus verschieden gestaltet sein.

Die langen Blattstiele, die Blattspindel und die Stiele der Fiederblätter haben eine Rankenfunktion. Sie reagieren auf Berührungsreize, führen Krümmungsbewegungen aus und winden sich dabei um dünne Äste, Zweige und andere senkrechte oder waagerechte Stützen. Sie ermöglichen so der Pflanze das Klettern und führen sie zum Licht. Finden sie keine fremden Stützen, winden sich die Blattranken auch um eigene Pflanzenteile. Das kann zur Bildung von dichten Kissen und Teppichen führen. Im Herbst fallen nur die Blättchen ab, nicht aber die Ranken. Sie verholzen, bleiben fest mit der Sproßachse verbunden und verlieren auch ihre Elastizität nicht. So wird eine dauerhafte Befestigung mit der Unterlage gewährleistet.

Als Kletterpflanzen gehören die Waldreben zur Gruppe der Blattranker (Sonderform Blattstielranker). Andere Kletterformen sind zum Beispiel Schlinger oder Winder (*Actinidia, Akebia, Celastrus, Lonicera, Polygonum, Wisteria* und viele andere), Sproßranker (Weinrebe, Wilder Wein), Wurzelkletterer (Efeu, Trompetenblume, Kletterhortensie) und Spreizklimmer (*Jasminum nudiflorum*, Kletterrosen, Brombeeren).

Blüten und Früchte

Waldreben haben in der Regel vier Blütenhüllblätter, selten fünf, sechs oder acht, wie einige ostasiatische Arten. Sie sind nicht in Kelchblätter (Sepalen) und Kronblätter (Petalen) gegliedert. Die Kronblätter fehlen, dafür sind die Kelchblätter zu weißen oder bunten Schauapparaten umgebildet. Sie übernehmen damit die Funktion der Kronblätter, die Anlockung der Insekten, die zur Bestäubung notwendig sind. Man bezeichnet derartig gestaltete Blütenhüllblätter als Tepalen oder einfach als Blütenblätter. Nur die Arten der *Clematis alpina*-Gruppe (Sektion Atragene) besitzen zwischen Blüten- und Staubblättern noch kleine, kronblattartige Gebilde, die als Staminodien bezeichnet werden. Sie lassen die Blüten oft wie gefüllt erscheinen.

Die Blüten besitzen zahlreiche Staubgefäße, die oft anders gefärbt sind als die Blütenblätter und damit wesentlich zum Reiz der Blüten beitragen. Auch die Fruchtblätter sind zahlreich; sie sind untereinander frei, besitzen eine einzige Samenanlage und einen langen Griffel. Er verlängert sich zur Fruchtreife stark, so daß sich an den nußartigen Früchten ein grannenartiger Fortsatz, ein Federschweif bildet, der ein vortreffliches Flugorgan darstellt und damit die Windverbreitung der Samen ermöglicht. Die nicht selten silbrigen Federschweife, die zu ballförmigen Fruchtständen vereint sind, haben im Spätsommer und Herbst einen beachtlichen Schmuckwert.

Die meisten Arten haben zwittrige Blüten, nur wenige sind zweihäusig. Obwohl in der Regel kein Nektar gebildet, sondern nur Pollen angeboten wird, herrscht Insektenblütigkeit vor.

Die Chromosomenzahl ist $2n = 16$. Fast alle Arten sind diploid, Polyploidie (vielfache Chromosomenzahl) tritt nur selten auf. Bei Züchtungsarbeiten wurde sie künstlich durch eine Colchizinbehandlung von Keimlingspflanzen erzielt.

Innerhalb der Gattung kommen verschiedene Blütenformen vor. Am häufigsten ist eine radiäre Form mit tellerförmigen, an den Rändern oft gewellten Blütenblättern. Bei einigen Arten kommen krugförmige Blüten vor. Die Blütenblätter formen hier am Grund einen bauchigen Krug, der nach oben zunächst enger wird und sich dann mit den abspreizenden Spitzen der Blütenblätter öffnet. Bei anderen Arten bilden die Blütenblätter eine kurze oder längere Röhre, die Blattspitzen sind zurückgebogen und nicht selten eingerollt. Sie ähneln der Einzelblüte einer Hyazinthe. Einen Übergang zwischen radiären und krugförmigen Blüten bilden glockige Blüten, deren Öffnung mehr oder weniger weit sein kann.

Bei Wildarten reicht der Blütendurchmesser im allgemeinen von 1,5 bis 6 cm. Eine Ausnahme macht die Wollige Waldrebe, *C. lanuginosa*, mit tellerförmigen Blüten von 15 bis 20 cm Durchmesser. Ihr verdanken die Gartenhybriden ihre großen Blüten, die bei einigen Sorten Durchmesser von über 20 cm erreichen.

Die meist lang gestielten Blüten stehen einzeln, in Büscheln oder in rispigen Blütenständen. Sie können in den Blattachseln von Kurztrieben an vorjährigen Zweigen, sowie in den Blattachseln und am Ende diesjähriger Triebe stehen.

Clematis-Blüten fehlt ein ausgeprägter Duft, wie wir ihn bei Rosen kennen. Als Art mit dem vielleicht stärksten Duft gilt die Mandel-Waldrebe, *C. flammula*, deren Blüten nach bitteren Mandeln duften. Die in Europa heimische Gemeine Waldrebe, *C. vitalba*, hat einen unangenehmen weißdornähnlichen Geruch, das gilt auch für die süßlich duftenden Blüten der Aufrechten Waldrebe, *C. recta*. Der in England beliebten Sorte *C. montana* 'Elizabeth' sagt man einen angenehmen Duft nach, der sich besonders an warmen Abenden bemerkbar macht. Unter den großblumigen Sorten soll 'Fair Rosamond' den stärksten Duft haben.

Zu den duftenden *Clematis*-Arten gehören auch *C. × aromatica*, *C. campaniflora*, *C. crispa* (nach Orangen), *C. heracleifolia*, *C. × jouiniana*, *C. terniflora*, *C. rehderiana* und *C. veitchii*.

Clematis alpina
Abbildung Seite 14

Abbildungen von Fruchtständen Seite 23 und 44

Clematis montana 'Elizabeth' siehe Farbfoto Seite 2

Beispiele für Blütenformen zeigen die Abbildungen Seite 15 und 85

Taxonomische Einteilung der Gattung

Oben: Die amerikanische *Clematis virginiana* hat ähnliche Blüten wie die mitteleuropäische *C. vitalba*. Beschreibung Seite 75

Rechts: *Clematis alpina*. Beschreibung Seite 59

Wie bei vielen anderen umfangreichen Pflanzengattungen üblich, wird auch die Gattung *Clematis* in Sektionen und Serien eingeteilt. Dabei werden Arten mit gleichen morphologischen Merkmalen zusammengestellt. Zu diesen gehören zunächst die Form der Blüten, z.B. glockig, röhrig, krugförmig oder tellerförmig ausgebreitet, die Zusammensetzung der Blütenstände und das Erscheinen der Blüten an diesjährigen oder vorjährigen Trieben. Berücksichtigt werden auch die Form der Blätter, die einfach oder zusammengesetzt, dreizählig oder gefiedert, sommer- oder immergrün sein können. Die Hinweise auf den Aufbau der Pflanzen selbst, ob staudig, halbstrauchig, verholzend und mehr oder weniger stark kletternd, deutet auf ihre Verwendungsmöglichkeiten hin. In der taxonomischen Einteilung werden die Standort-

Oben links:
Clematis stans,
eine staudig-halb-
strauchige Art mit
röhrenförmigen
Blüten. Beschrei-
bung Seite 56
Oben rechts:
*Clematis rehderi-
ana,* eine stark-
wachsende Art.
Beschreibung
Seite 79

Unten links:
Clematis pitcheri
mit aparten Blüten.
Beschreibung
Seite 66
Unten rechts:
Clematis armandii,
eine immergrüne
Art, die nur an
geschützten Stellen
im Freiland aushält.
Beschreibung
Seite 81

ansprüche der einzelnen Arten nicht berücksichtigt.

In der folgenden Übersicht (aus Krüssmann, Nomenklatur verändert nach Snoeijer) werden auch Arten aufgeführt, die keine gärtnerische Bedeutung haben und deshalb hier nicht ausführlicher behandelt werden. Nach ihrem Wuchscharakter gegliedert, werden die wichtigen Wildarten mit ihren Sorten auf den Seiten 48 bis 82 beschrieben.

Sektion I. Viorna (Reichenb.) Prantl
Blüten nie weit offen, meist glockenförmig, röhrig oder krugförmig; Tepalen meist 4, an der Spitze zurückgebogen; Staubfäden aufrecht, meist behaart;
Serie 1. Crispae Prantl. Blätter oder Blättchen ganzrandig; Blüten einzeln oder zu 2–3; Staubfäden behaart; sämtlich Halbsträucher:
C. integrifolia, fremontii, ochroleuca, hirsutissima, scottii, crispa, albicoma, pitcheri, reticulata, versicolor, viorna, addisonii, divaricata, texensis, × pseudococcinea, fusca, prattii.
Serie 2. Tubulosae (Decne.) Rehd. & Wils. Nicht kletternde Halbsträucher; Blätter 3zählig, Blättchen gesägt; Blüten röhrig, Spitzen der Tepalen zurückgeschlagen:
C. acutangula, heracleifolia, stans.
Serie 3. Connatae (Koehne) Rehd. & Wils. Kletternde Sträucher; Blätter einfach oder doppelt gefiedert; Blüten röhrig; Tepalen an der Spitze leicht zurückgeschlagen; Staubfäden behaart:
C. connata, rehderiana, veitchiana, buchananiana, lasiandra, aethusifolia.
Serie 4. Cirrhosae Prantl. Kletternde Sträucher; Blätter einfach oder 3zählig, gesägt; Blüten aus dem vorjährigen Holz nickend, glockig, mit einer Hülle unter den Tepalen:
C. cirrhosa, napaulensis.

Sektion II. Atragene (L.) DC.
Blätter dreizählig oder doppelt dreizählig; Blüten glockig, einzeln, nickend, aus dem vorjährigen Holz, mit petaloiden Staminodien:

C. occidentalis, koreana, alpina, ochotensis, sibirica, columbiana, macropetala.

Sektion III. Viticella (Moench) DC.
Starkwüchsige Klettersträucher; Blätter unterschiedlich gestaltet; Blüten zu 1–3, breitglockig oder tellerförmig ausgebreitet, groß; Tepalen 4 bis 8; Staubfäden kahl:
C. viticella, × eriostemon, × francofurtensis, × guascoi, campaniflora, × jackmanii × durandii, florida, patens, lanuginosa, lawsoniana.

Sektion IV. Flammula DC.
Meist hochkletternde Sträucher; Blätter einfach bis doppelt gefiedert; Blüten weiß, rosa oder gelb, Tepalen klappenförmig, meist mit schmalem Saum; Staubfäden abstehend; Nektarien fehlend;
Serie 1. Montanae (Schneid.) Rehd. Holzige Klettersträucher; Blätter dreizählig oder gefiedert, Blättchen gesägt; Blüten ansehnlich, weiß oder rosa, aus dem alten Holz erscheinend:
C. montana, barbellata, × vedrariensis, chrysocoma, gracilifolia.
Serie 2. Rectae Prantl. Aufrechte Stauden oder Klettersträucher; Blätter einfach bis doppelt gefiedert; Blüten meist weiß, an den jungen Trieben in end- und achselständigen Rispen; Tepalen mit schmalem Saum:
C. armandii, fasciculiflora, × jeuneiana, finetiana, meyeniana, quinquefoliolata, chinensis, uncinata, delavayi, terniflora, recta, fruticosa, flammula, × aromatica, songarica, potaninii, apiifolia, pierotii.
Serie 3. Hexapetalae. Holzige Klettersträucher; Blätter immergrün; Tepalen meist 6. Bei uns nur Gewächshauspflanzen:
C. paniculata, colensoi, afoliata.
Serie 4. Vitalbae Prantl. Holzige Klettersträucher; Blätter stets zusammengesetzt; Blüten zwittrig oder zweihäusig, weiß, klein:
C. virginiana, ligusticifolia, vitalba, brevicaudata, × jouiniana, grata.
Serie 5. Orientales Prantl. Holzige Klettersträucher; Blätter dreizählig oder ein-

fach bis doppelt gefiedert; Blüten gelb, meist einzeln:
C. orientalis, tangutica, tibetana ssp. *vernayi, akebioides, serratifolia.*

Natürliche Verbreitung

Die Gattung *Clematis* ist vorwiegend in den nemoralen (in den Laubwaldzonen) und meridionalen Vegetationszonen (den südlichen Zonen der außertropischen Bereiche der Nordhalbkugel) der nördlichen Hemisphäre verbreitet. Einige Arten kommen auch in Australien und Neuseeland vor. Ihre Hauptverbreitung haben sie in Ost-Asien, vor allem in China, in Nord-Amerika und Europa.

Von den insgesamt rund 250 Arten kommen in Europa 10 Arten vor, die sich auf folgende Sektionen verteilen:
Sektion Viorna: *C. integrifolia, C. cirrhosa*
Sektion Atragene: *C. alpina*
Sektion Viticella: *C. campaniflora, C. viticella*
Sektion Flammula: *C. flammula, C. orientalis, C. pseudoflammula, C. recta* und *C. vitalba.*

In Deutschland sind nur drei Arten heimisch, die Alpenwaldrebe, *C. alpina*, die Aufrechte Waldrebe, *C. recta* und die Gemeine Waldrebe, *C. vitalba. Clematis vitalba* und *C. alpina* gehören neben Efeu, Geißblatt und Jelängerjelieber zu den wenigen verholzenden Lianenarten der heimischen Flora. Die Alpenwaldrebe ist die einzige Liane der ganzen Alpenkette. Die Aufrechte Waldrebe gehört zur Gruppe der staudigen *Clematis*-Arten.

Die meisten der in der nördlichen Hemisphäre heimischen Arten sind sommergrün. Eine Ausnahme macht nur die immergrüne Mittelmeer-Waldrebe, *C. cirrhosa.* Im mitteleuropäischen Klimabereich lassen sich meist nur sommergrüne Arten im Freiland kultivieren. Alle immergrünen Arten sind bei uns Gewächshauspflanzen, nur in besonders günstigen Zonen halten sie im Freien aus.

Gebräuchliche, aber ungültige botanische Namen bei Clematis

C. alpina var. *ochotensis* = *C. ochotensis*
C. alpina var. *sibirica* = *C. sibirica*
C. dioscoreifolia var. *robusta* = *C. terniflora*
C. douglasii = *C. hirsutissima*
C. fargesii = *C. potaninii*
C. × *fargesioides* = *C.* 'Paul Farges'
C. glauca var. *akebioides* = *C. akebioides*
C. maximowicziana = *C. terniflora*
C. montana var. *rubens* = *C. montana* 'Rubens'
C. pseudoalpina = *C. columbiana*
C. ranunculoides = *C. acutangula*
C. spooneri = *C. chrysocoma* var. *sericea*

Clematis als Giftpflanzen

Wie zahlreiche andere Gattungen in der Familie der Hahnenfußgewächse, gehören auch die Waldreben zu den giftigen Pflanzen. Zusammen mit dem Buschwindröschen, *Anemone nemorosa*, dem gelben Windröschen, *Anemone ranunculoides*, dem Leberblümchen, *Hepatica nobilis* und den Küchenschellen *Pulsatilla pratensis* und *P. vulgaris* gehören sie zur Gattungsgruppe (Tribus) Anemonae, die alle Protoanemonin enthalten. Die genannten Arten enthalten den Giftstoff vielfach nur in geringen Mengen, so daß ihre Giftigkeit als relativ gering einzustufen ist. Da bei den Waldreben außerdem keine Pflanzenteile zum Verzehr einladen, sind Vergiftungen selten. Andere Gattungen der Hahnenfußgewächse, etwa *Aconitum* und *Delphinium*, enthalten dagegen hochtoxische Stoffe. Eine Reihe anderer Arten sind auch heute noch gebräuchliche Arzneipflanzen.

Beschreibung der Wildarten auf den Seiten 48 bis 82

Pflanzung von Clematis

*C*lematis werden gelegentlich als heikle und anspruchsvolle Gartenpflanzen eingestuft. Das trifft aber keineswegs zu. Berücksichtigt man ihre Ansprüche an Boden und Belichtung und sorgt für eine kontinuierliche Pflege, können sie jahrzehntelang leben und uns jährlich mit einer Fülle prächtiger Blüten erfreuen. Sie lassen sich im Garten an zahlreichen Stellen unterbringen, ihre Verwendung muß sich nicht allein auf den Bereich der Mauer- und Fassadenbegrünung beschränken.

Pflanzplatz im Garten

Waldreben wachsen an ihren natürlichen Standorten überwiegend an Waldrändern, in Gebüschgruppen und Heckengesellschaften. Sie sind also an das Zusammenleben mit Bäumen und Sträuchern gewöhnt und haben sich an Standorte mit wechselnden Lichtverhältnissen angepaßt. Sie siedeln sich an beschatteten Stellen an und wachsen dann mit Hilfe ihrer Ranken und langen Triebe zum Licht empor. Ihr Verhalten in der

Clematis integrifolia legt sich gern über große Steine. Beschreibung Seite 50

Großblumige Hybride 'John Huxtable' im Staudenbeet mit Federmohn, *Macleaya cordata* und *Zantedeschia aethiopica*. Beschreibung Seite 110

Natur gibt uns Hinweise auf passende Pflanzplätze im Garten.

Alle Waldreben, gleichgültig ob Wildarten oder großblumige Hybriden, entwickeln sich dann am besten, wenn sich ihr Wurzelbereich im kühlen Schatten befindet, der Rest der Pflanze aber in der Sonne oder im Halbschatten steht. Sonne im oberen Pflanzenbereich ist Voraussetzung für eine volle Blüte, gleichzeitig muß der Boden natürlich eine ausreichende Menge an Wasser zur Verfügung stellen können. Deshalb scheiden brandheiße Südmauern als Pflanzplatz aus, an ihrem Fuß trocknet der Boden zu stark aus. Das gilt auch für Standorte im Regenschatten weit überstehender Hausdächer. Für manche Sorten unter den großblumigen Hybriden sind zeitweise beschattete Plätze ideal. Das gilt vor allem für Sorten mit zarten Blütenfarben, die in voller Sonne rasch ausbleichen. An besonnten Plätzen erreicht man Kühle im Wurzelbereich durch die Abdeckung des Bodens mit Platten, Steinen oder Rindenmulch oder durch eine Vorpflanzung mit niedrigen Stauden und Zwerggehölzen. Pflanzt man Waldreben an Mauern oder Fassaden, sind West- und Ostseiten gut geeignet, Südseiten sind oft zu heiß, Nordseiten immer zu kalt. Waldreben dürfen nie im Bereich des Tropfenfalls

Wichtig: Kühle und Schatten für den Wurzelbereich Ungeeignet: Hitze und Trockenheit

von Hausdächern stehen, sie würden sonst rasch eingehen.

Die zarten Waldreben mit ihren oft großen Blüten vertragen natürlich auch keine windexponierten Standorte. Bei starkem Wind können die Pflanzen von ihrer Verankerung losgerissen werden, mindestens zerfleddern Laub und Blüten. Trotzdem muß der Pflanzplatz ausreichend luftig sein, damit die Entwicklung von Mehltau und anderen Schadpilzen nicht gefördert wird.

Bodenansprüche, Bodenverbesserung

Clematis lassen sich auf jedem gepflegten Gartenboden pflanzen. Sie bevorzugen durchlässige, krümelige, nährstoffreiche und leicht alkalische, ausreichend frische Lehmböden. Der Säuregehalt des Bodens sollte nicht unter pH 5,5 bis 6 liegen. Ungeeignet sind schwere Lehm- und Tonböden, alle Böden mit stauender Nässe und zu trockene Böden. Liegen derartige Bodenverhältnisse vor, muß vor dem Pflanzen eine gründliche Bodenverbesserung vorgenommen werden.

Die großblumigen Hybriden stellen insgesamt größere Ansprüche an die Qualität des Bodens als die Wildarten.

Besonders wichtig ist eine Bodenvorbereitung dann, wenn in Hausnähe gepflanzt werden soll, denn dort ist der Boden durch die Bautätigkeit in der Regel stark verdichtet. Man hebt eine Pflanzgrube von etwa 1 m Länge, 80 cm Breite und 60 cm Tiefe aus. Boden und Seitenwände der Grube werden aufgelockert. Der Grubenboden wird notfalls durch das Einbringen von Schotter durchlässig gemacht. Je nach Bodenqualität mischt man die Hälfte bis ein Drittel des Bodenaushubes, möglichst den der oberen Bodenschicht, mit Torf, Rindenkompost oder abgelagerter Komposterde. Zu schwere Böden lassen sich durch Zugabe von scharfem Sand durchlässiger machen. Leichte Sandböden bessert man durch Zugabe von Lehm und Kalk auf.

Als Vorratsdünger können Thomasmehl und organische Dünger, zum Beispiel Hornspäne oder Knochenmehl, beigegeben werden. Organische Dünger werden nur langsam abgebaut, sie führen den Wurzeln über einen längeren Zeitraum Nährstoffe zu.

Vor dem Pflanzen muß sich der gelockerte Boden wieder ausreichend gesetzt haben.

Pflanzung

Clematis werden heute ausnahmslos in Töpfen oder Foliencontainern gezogen und durch einen Stab gestützt. Diese Kulturmethode hat den Vorteil, daß die Pflanzen ohne Wurzelverlust an den neuen Standort kommen und daß eine Pflanzung zu optimalen Zeiten vorgenommen werden kann. Man pflanzt im Frühherbst, damit die Pflanzen noch vor Eintritt des Winters neue Wurzeln bilden und anwachsen können oder im Frühjahr, nachdem der Boden an der Pflanzstelle genügend abgetrocknet ist.

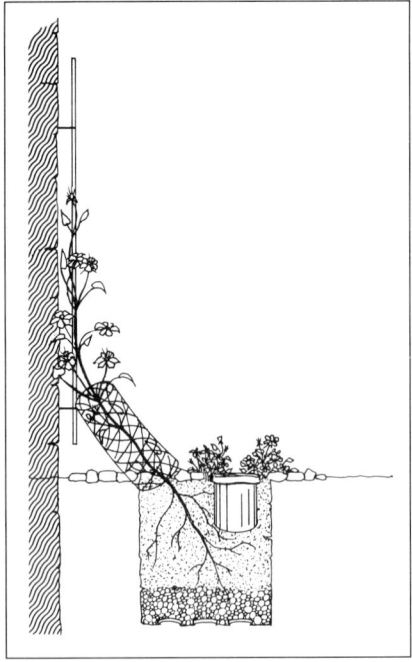

Pflanzung an Mauern und Wänden.
Pflanzen mit etwa 50 cm Abstand von der Wand setzen, die Triebe zur Mauer leiten und mit einer Drahthose schützen. Gießrohr einbauen.
Die Pflanzstelle mit Steinen abdecken oder mit Stauden und Kleingehölzen bepflanzen.

Die Herbstpflanzung hat den Vorteil, daß man sich blühende Pflanzen aussuchen kann. Eine zeitige Herbstpflanzung oder Spätsommerpflanzung und eine späte Frühjahrspflanzung haben den Vorteil, daß in noch genügend warmen oder schon wieder erwärmten Boden gepflanzt werden kann. Dies hat natürlich eine positive Auswirkung auf rasche Bildung neuer Wurzeln.

Vor dem Pflanzen wird der Wurzelballen untersucht. Ist der Ballen zu trocken, wird die Pflanze mit dem Topf solange ins Wasser gestellt, bis keine Blasen mehr aufsteigen. Nach dem Austopfen wird ein verfilzter Wurzelballen an den Rändern vorsichtig gelockert. Mit den meist erst einjährigen Pflanzen muß man sehr vorsichtig umgehen, die dünnen Triebe sind recht brüchig und reißen leicht ab.

Die Pflanze wird nun so tief gepflanzt, daß der Wurzelansatz etwa 15 cm unterhalb der Erdoberfläche liegt. Die Erde schützt auf diese Weise die unteren Triebteile mit den Blattknospen. Die Knospen können austreiben, sollte der oberirdische Teil der Pflanze absterben.

Pflanzt man an eine Mauer, setzt man die Pflanzen etwa in einem Abstand von 50 cm zur Mauer ein und leitet die Triebe durch einen kräftigen Stab zum Spalier. Eine Maschendrahthose schützt die Triebe vor Beschädigungen. Nur ein genügend großer Abstand von der Mauer bringt die Wurzeln aus der trockenen Zone in unmittelbarer Mauernähe heraus. In Wurzelnähe gräbt man am besten ein durchlöchertes Kunststoff-Dränagerohr ein und füllt es mit Kieselsteinen. Durch dieses Rohr kann die Pflanze in der Hauptwachstumszeit leicht bewässert und flüssig gedüngt werden. Man verhindert dadurch Wasserverlust und eine Verdichtung der Bodenoberfläche, die bei häufigem Wässern leicht auftritt.

Will man *Clematis* über Sträucher oder in Baumkronen hineinwachsen lassen, darf man nicht in unmittelbarer Nähe von Baumstamm oder Strauchbasis pflanzen, denn die Wurzeln von Baum und

Pflanzung an Bäumen oder Sträuchern. Pflanzen möglichst an der kühlen Schattenseite und in genügend weitem Abstand unterbringen. Die Triebe an stabilen Stäben oder Seilen in die Krone leiten.

Strauch sind starke Nährstoff- und Wasserkonkurrenten. Man pflanzt mindestens zwei Meter vom Stamm entfernt und leitet die Triebe an einem Spanndraht entlang in die Baumkrone. Liegt der Pflanzplatz auf der beschatteten Seite der Gehölze, ist auch für die notwendige Beschattung im Wurzelbereich der Waldreben gesorgt.

Nach dem Pflanzen wird natürlich angegossen, danach die Pflanzstelle mit organischem Material abgedeckt, wenn zur Beschattung nicht sofort Stauden oder Kleingehölze gepflanzt werden können oder eine Abdeckung mit Steinen oder Platten vorgenommen werden kann. Eine Mulchdecke verhindert eine rasche Bodenaustrocknung und macht dadurch das häufige Gießen überflüssig, mit dem man sonst den Boden oft zu stark vernäßt, dadurch abkühlt und ein Anwachsen eher erschwert als fördert. Für Abdeckungen im Wurzelbereich sind Rindenkompost und Rindenmulch besonders gut geeignet. Beide sind heute in allen einschlägigen Fachgeschäften zu haben.

In der englischen *Clematis*-Literatur auch wird darauf hingewiesen, daß vor der Pflanzung von *Clematis* in Obstgär-

Clematis montana
'Rubens' an einer
hohen Mauer, davor
Goldlack und
Vergißmeinnicht.
Beschreibung
Seite 76

ten die Grasnarbe zu entfernen sei und daß man die *Clematis* auch später vor der Konkurrenz des Graswuchses schützen müsse. Auch an allen anderen Standorten sind frisch gepflanzte *Clematis* vor der Konkurrenz unerwünschten Wildwuchses zu schützen.

Pflanzschnitt

Wie bei vielen anderen Gehölzarten ist auch bei *Clematis* ein Pflanzschnitt unerläßlich. Hier soll der Schnitt allerdings nicht das Anwachsen erleichtern (die Pflanzen kommen ja ohne Wurzelverlust an ihren neuen Standort), er ist vielmehr Voraussetzung für eine Verzweigung der meist nur eintriebigen Pflanzen.

Einjährig gezogene *Clematis* werden bei einer Herbstpflanzung im darauffolgenden Nachwinter, bei einer Frühjahrspflanzung unmittelbar nach dem Einsetzen zurückgeschnitten. Dazu werden die Triebe bis auf die untersten Augen eingekürzt. Bei ungenügender Verzweigung sollte man die jungen Triebe vier bis sechs Wochen später noch einmal stutzen.

Heute werden nicht selten auch mehrjährige, vieltriebige *Clematis* in Groß-Containern angeboten. Sie sollten ohne Rückschnitt gepflanzt werden.

In beiden Fällen ist es sinnvoll, die jungen Triebe noch vor ihrer Anklammerung so am Spalier zu verteilen, daß die zur Verfügung stehende Fläche weitgehend genutzt wird. Nur so ist eine optimale Entwicklung der Pflanzen und eine gleichmäßige Verteilung der Blüten zu erwarten. Zu oft sieht man *Clematis* an Spalieren, die unten nur kahle Stämme haben, während sich weiter oben dichte, kompakte Kissen bilden, die vor allem im laublosen Zustand wenig ansprechend aussehen.

Links: *Clematis orientalis* 'Bill Mackenzie'. Beschreibung Seite 72
Rechts: *Clematis macropetala* 'Maidwell Hall', die Blüten sind mit zahlreichen Staminodien ausgestattet. Beschreibung Seite 62

Links: *Clematis* × *jackmanii*, eine der am meisten gepflanzten Züchtungen. Beschreibung Seite 67
Rechts: *Clematis viticella* 'Alba Luxurians'. Beschreibung Seite 68

Links: *Clematis viticella* 'Margot Koster' gehört zu den eher kleinblütigen Sorten. Beschreibung Seite 68
Rechts: *Clematis patens*, eine japanische Art, die zur Entstehung der großblumigen Hybriden beigetragen hat. Beschreibung Seite 70

23

Pflanzhinweise auf einen Blick
(nach Scheller)

1. Die Pflanzen sollen wüchsig sein, keinen verfilzten Wurzelballen haben und möglichst auf eigenen Füßen stehen, also keine Veredlungen sein.

2. Nicht ballentrocken pflanzen, die Töpfe notfalls vorher tauchen.

3. Die oberirdischen Pflanzenteile wollen in der Sonne, die Wurzeln im Schatten stehen.

4. Die Pflanzstellen dürfen nicht zu trocken, aber auch nicht zu naß sein, eine gute Dränage ist wichtig.

5. Eine gute Bodenvorbereitung ist Voraussetzung für gesundes Wachstum.

6. Topfballen an den Rändern vorsichtig auflockern.

7. Etwa 15 cm tiefer pflanzen.

8. Pflanzstellen mit Mulch oder Steinen abdecken oder vorpflanzen.

9. Pflanzschnitt im zeitigen Frühjahr auf die untersten Augen; später eventuell noch einmal stutzen.

10. In der Folge ausreichend wässern und genügend düngen.

Düngung und Pflege

Bis auf den jährlich notwendigen Schnitt bei einigen *Clematis*-Arten, der im nächsten Kapitel behandelt wird, besteht die Pflege eigentlich nur in Wässern und Düngen.

Auch ein mit Mulch, Steinen oder Pflanzen bedeckter Boden kann, gerade in Südlagen und am Fuß von Wänden und Mauern, rasch austrocknen. Das gilt natürlich auch für den Wurzelbereich von *Clematis*, die in Kronen von Bäumen und Sträuchern wachsen. Der Boden sollte stets gut mit Wasser versorgt sein, nur dann können die Waldreben ihre Blätter über die dünnen Stämme ausrei-

chend mit Wasser und Nährstoffen versorgen. Eine zusätzliche Bewässerung ist vor allem in Frühjahr und im Sommer notwendig. Selbst im vergleichsweise kühlen und regenreichen England empfiehlt man auf sandigen Böden in der Hauptwachstumszeit eine zweimalige Wassergabe je Woche.

Eine Düngung von *Clematis* ist sowohl mit organischen als auch mit mineralischen Düngemitteln möglich. Organische Düngemittel in Form von Stallmist oder handelsüblichen Humusdüngern liefern nicht nur die notwendigen Pflanzennährstoffe, sondern verbessern auch den Boden. Organische Materialien regen das Bodenleben in vielfältiger Weise an, sie verbessern die Durchlüftung des Bodens und verbessern seine Speicherkapazität für Wasser und Nährstoffe. Deshalb sollte man den Wurzelbereich aller Pflanzen, der nicht durch Steine oder Pflanzen bedeckt ist, regelmäßig im Winter mit einer Mulchdecke überziehen. Sie kann aus gut verrottetem Stallmist bestehen, der aber heute meist nur schwer zu beschaffen ist, aber auch aus Torf, Laub, Rindenkompost oder Rindenmulch. Bis auf Stallmist enthalten alle anderen Mulchmaterialien keine unmittelbar verfügbaren Pflanzennährstoffe. Handelsübliche organische Düngemittel wie Oscorna-Animalin, Cox-Humuskorn, Cuxin oder Rhodohum enthalten ebenfalls nur geringe Mengen der Hauptnährstoffe Stickstoff, Phosphor und Kali, dafür aber zahlreiche Spurenelemente und zwischen 60 und 75% organischer Substanz. Im Gegensatz zu allen Mulchmaterialien, die vorwiegend als Boden- und Wurzelschutz dienen und nur auf die Bodenoberfläche aufgebracht werden, müssen organische Düngemittel in den Boden eingearbeitet werden. Man muß dabei sehr vorsichtig vorgehen und darf nur flach einarbeiten, weil sonst die flach streichenden Wurzeln der Waldreben beschädigt würden.

Mineraldünger verwenden wir im Hausgarten in der Regel in Form eines chloridfreien, kali- und phosphorreichen Volldüngers, der neben den Hauptnährstoffen Stickstoff, Phosphor und Kali auch Spurenelemente wie Bor, Mangan, Molybdän und Zink enthält. Die notwendige Höhe der Düngergaben richtet sich nach dem Alter der Pflanze und vor allem nach der Qualität des Bodens. Auf Lehmböden, die von Natur aus nährstoffreicher sind als leichte Sandböden, kann die Düngermenge natürlich niedriger sein.

Untersuchungen über den jährlichen Entzug von Nährstoffen aus dem Boden sind bei *Clematis* bisher nicht gemacht worden. Präzise Düngeempfehlungen können deshalb nicht gegeben werden. Es ist jedenfalls nicht notwendig, mit so hohen Düngergaben zu arbeiten wie bei der Anzucht der Pflanzen in der Baumschule. Der Nährstoffbedarf ist im allgemeinen wohl nicht höher als der von Waldbeständen, die pro Hektar und Jahr einen Nährstoffbedarf von 40 bis 80 kg Stickstoff, 10 bis 20 kg Phosphor und 30 bis 60 kg Kali haben. Das entspricht umgerechnet auf den Hausgarten etwa einer Menge von 35 bis 70 g/m^2 eines handelsüblichen Volldüngers.

Unter der Berücksichtigung der Nachlieferung von Nährstoffen aus dem Boden und dem Eintrag durch Schwebstoffe in der Luft, sollte die jährliche Stickstoffgabe auf maximal 50 kg pro Hektar beschränkt werden. Bei dieser Menge müssen auch die Nährstoffgehalte von eventuell verabreichten organischen Düngern und Stallmist berücksichtigt werden. Im ersten Jahr der Pflanzung ist eine mineralische Düngung völlig überflüssig. Grundsätzlich gilt, daß nie mehr als notwendig gedüngt wird. Von den Pflanzen nicht aufgenommene Nährstoffe werden ausgewaschen und belasten die Umwelt.

Bei Gehölzen setzt die Nährstoffaufnahme aus dem Boden nicht, wie früher häufig angenommen, schon vor dem Austrieb der Gehölze ein. Die Gehölze zehren zunächst vielmehr von den im Herbst zuvor eingelagerten Reservestoffen. Etwa vom Mai an steigert sich die Nährstoffaufnahme bis zum Herbst, wenn wieder Reservestoffe eingelagert werden. Man sollte also den leicht auswaschbaren Stickstoff nicht vor Mai ausbringen und die Gesamtmenge in mehreren Gaben bis zum frühen Herbst verteilen. Eine zu späte Verabreichung von Stickstoff kann allerdings zu einem verlängerten Triebwachstum führen. Ein rechtzeitiger Triebabschluß ist aber eine wichtige Voraussetzung für die Frosthärte eines Gehölzes.

Nährstoffbedarf und Zeitpunkt der Düngung

Clematis heracleifolia
Beschreibung Seite 53

Schnitt

Rechte Seite oben:
Clematis alpina
'Pamela Jackman'
hat auffallend
schmale
Blütenblätter.
Beschreibung
Seite 59 bis 61

Die meisten neu gepflanzten *Clematis* müssen im ersten Jahr eingekürzt werden, um eine bessere Verzweigung zu erreichen. Während von den Wildarten in den Folgejahren nur manche regelmäßig, andere in größeren Abständen zurückgeschnitten werden, ist bei vielen großblumigen Hybriden ein regelmäßiger Rückschnitt wichtig und notwendig, um kräftige, gut verzweigte Pflanzen zu erziehen.

Formen von Jungpflanzen

Nach dem Pflanzschnitt treiben die wenigen verbliebenen Augen kräftig aus.

Meist entwickeln sich nur wenige Triebe, die ein stark spitzenwärts gerichtetes Wachstum haben und die sich zunächst kaum verzweigen. Bleiben solche Triebe unbehandelt, erreichen ihre Spitzen bald den oberen Spalierrand. Hier entwickelt sich nun ein oft wüstes, wenig ästhetisches Zweiggewirr, während die Basis der Pflanzen kahl bleibt. Um eine derartige Kopflastigkeit zu verhindern, sollte man die jungen Triebe seitwärts in die Breite leiten. Notfalls wird durch ein wiederholtes Stutzen die Entwicklung einer größeren Anzahl von Trieben angeregt. Nur so gelingt es, den zur Verfügung stehenden Raum vollständig auszunutzen.

'Vyvyan Pennell'
hat in der
Nachblüte einfache
Blüten; siehe auch
Abbildung
Seite 100.
Beschreibung
Seite 100

Trotz aller Mühen wird man am Ende des ersten Jahres oft nur eine mäßig verzweigte Pflanze vor sich haben. In solchen Fällen empfiehlt sich ein erneuter Rückschnitt auch bei solchen Sorten, die in der Regel nicht regelmäßig zurückgeschnitten werden. Mit den neuen Austrieben wird die Formierungsarbeit fortgesetzt. Gleichzeitig können, wie in der Abb. unten dargestellt, an den Außenseiten Triebe abgelegt werden, die sich bewurzeln und für eine weitere Ausdehnung der Pflanze am Spalier sorgen. Statt durch Ablegen die von Pflanzen bedeckte Fläche zu vergrößern, können natürlich gleich auch mehrere Jungpflanzen in engeren Abständen gepflanzt werden.

Hat man das Formieren zunächst versäumt, ergibt sich bei allen Sorten, die regelmäßig stark zurückgeschnitten werden, nach dem Rückschnitt eine erneute Chance zum Formieren. Der Unterschied liegt nur darin, daß an älteren Pflanzen nach einem Rückschnitt natürlich wesentlich mehr Neutriebe entstehen als an jungen Pflanzen.

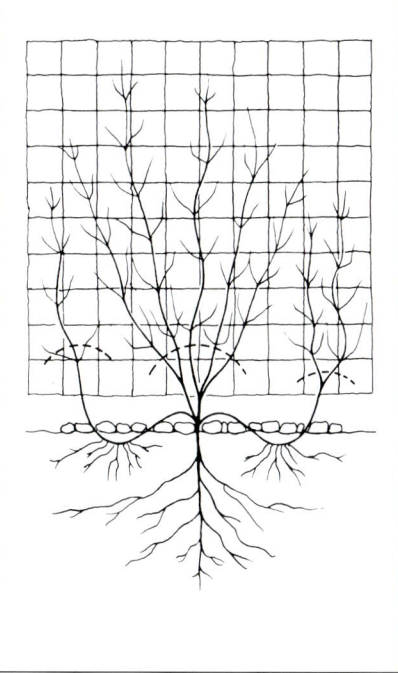

Links: Clematis im Jahr nach der Pflanzung, die Triebe gleichmäßig am Spalier verteilt. Bei der Formierung wird auf die gestrichelte Linie zurückgeschnitten.

Rechts: Clematis nach einigen Jahren. Seitliche Triebe sind abgelegt worden. Bei Sorten, die am jungen Holz blühen, wird im zeitigen Frühjahr auf die gestrichelte Linie zurückgeschnitten.

Schnitt der großblumigen Hybriden

Bei der Frage, ob eine bestimmte Sorte regelmäßig zurückgeschnitten werden muß oder nicht, entscheidet die Hauptblütezeit der jeweiligen Sorte. Deshalb sollen die großblumigen Hybriden – hier wie auch bei den Sortenbeschreibungen – nach ihrer Blütezeit eingeteilt werden.

Die Angaben zum Rückschnitt beziehen sich vor allem auf Pflanzen, die am Spalier oder an Pergolen gezogen werden. Wenn man wüchsige Sorten in Sträucher oder kleine Bäume wachsen läßt, ist ein jährlicher Rückschnitt nicht notwendig. Zu dicht gewordene Pflanzen werden ausgelichtet, damit die Wirtspflanze nicht unter dem Gewicht der *Clematis* zusammenbricht oder unter einer zu starken Beschattung erstickt.

Der Schnitt erfolgt möglichst knapp über einem Blattpaar, über der knotig verdickten Stelle der Zweige. Der Zeitpunkt des Rückschnittes richtet sich nach der Witterung, man schneidet erst nach Beendigung der Winterfröste.

Die dünnen Triebe aller *Clematis*-Arten und -Sorten brechen leicht. Deshalb ist bei allen Schnittmaßnahmen ein vorsichtiges Hantieren angebracht, damit die verbleibenden Triebe nicht beschädigt werden.

Beim Rückschnitt müssen die Triebe möglichst knapp über einem Knospenpaar abgeschnitten werden.

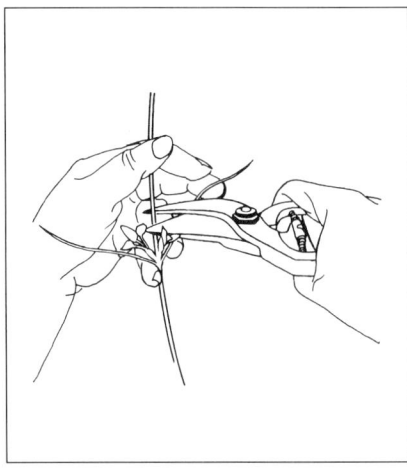

Bei *Clematis* werden Schnittwunden, auch die stärkerer Stämme, im allgemeinen nicht mit Wundverschlußmitteln behandelt.

Hauptblütezeit im Mai–Juni

(Schnittgruppe 1)
Sorten, deren Hauptblütezeit im Mai–Juni liegt, blühen mitunter bis zum September nach. Sie legen ihre Blütenknospen im Sommer des Vorjahres an, und ihre Blüten entwickeln sich an kurzen Blütenstielen direkt aus Blattachselknospen der vorjährigen Zweige. Gegen Ende der Hauptblütezeit werden neue Triebe gebildet, an denen sich noch in geringerem Umfang Blüten entwickeln. Die frühblühenden, großblumigen Sorten gehören zur Gruppe der Florida- und Patens-Hybriden (s. Seite 86 bis 101).

Bei Sorten dieser Gruppe beschränkt sich der regelmäßige Schnitt auf das Entfernen abgestorbener oder sehr schwacher Zweige unmittelbar nach Beendigung der Hauptblüte.

Nur dann, wenn mit zunehmendem Alter Triebwachstum und Blühfreudigkeit nachlassen, kann ein Teil der Zweige stärker zurückgeschnitten werden. Auch ein starker Rückschnitt der ganzen Pflanze ist möglich, wenn sich Kopflastigkeit eingestellt hat oder viele leere Stellen am Spalier vorhanden sind. In beiden Fällen schneidet man unmittelbar nach der Blüte. Natürlich ist auch ein Schnitt im Nachwinter möglich. Die folgende Blüte wird dann aber nur schwach sein.

Hauptblütezeit im Juli

(Schnittgruppe 2)
Der Hauptflor entsteht im Frühsommer an kurzen Seitentrieben der vorjährigen Zweige wie bei den frühblühenden Sorten. Im Gegensatz zu diesen werden hier aber gleich vom Frühjahr an neue Triebe gebildet, die das Blühen bis zum Herbst fortsetzen, naturgemäß in geringerem

Umfang und meist mit kleineren Blüten als bei der Hauptblüte im Frühsommer. Es sind im wesentlichen Sorten der Lanuginosa-Gruppe.

Man kann diese Sorten wie die der ersten Gruppe behandeln. Durch einen stärkeren Rückschnitt im Nachwinter läßt sich die Hauptblütezeit vom Frühsommer in den Hochsommer verlegen. Dazu entfernt man alle abgestorbenen und schwachen Zweige und kürzt die restlichen auf 15 bis 20 cm oberhalb gut entwickelter Blattknospen ein.

Hauptblütezeit im Sommer und Herbst

(Schnittgruppe 3)
Die Blüten entstehen im Sommer und Herbst ausschließlich an diesjährigen Trieben. Es handelt sich vor allem um Sorten der Jackmanii- und Viticella-Gruppe.

Im Nachwinter schneidet man alle vorjährigen Zweige bis knapp über ihrer Basis zurück, damit Platz für neue Triebe entsteht. Auch ein stärkeres Zurückschneiden bis ins alte Holz ist denkbar. Unterläßt man den Rückschnitt, bilden sich am Spalierende dichte Kissen mit wirr durcheinanderwachsenden und sich überlagernden Zweigen, während der untere Teil der Pflanze kahl bleibt.

Schnitt der Wildarten

Im Gegensatz zu den großblumigen Hybriden werden die meisten Wildarten nicht regelmäßig zurückgeschnitten.

Notwendig ist ein Schnitt nur bei den staudigen und halbstrauchigen Arten.

Alle staudigen Arten, deren oberirdische Sprosse im Winter vollkommen absterben, werden im Frühjahr bis zum Boden zurückgeschnitten. Die halbstrauchigen Arten schneidet man nicht ganz so scharf zurück, man beläßt ihnen die verholzende Stengelbasis. Aus den Knospen dieser Triebteile baut sich die Pflanze neu auf.

Bei allen verholzenden Arten ist ein regelmäßiger Schnitt nicht notwendig und auch nicht angebracht. Geschnitten wird nur dann, wenn sich eine Pflanze über die ihr zugedachte Fläche hinaus ausbreitet oder wenn Pflanzen an Spalieren, in Bäumen oder Sträuchern zu kopflastig werden. In solchen Fällen kann man ohne weiteres auch bis ins alte Holz zurückschneiden. Der Zeitpunkt des Rückschnitts richtet sich nach der Blütezeit der jeweiligen Art. Alle frühblühenden Arten, die ihre Blütenknospen an den vorjährigen Zweigen angelegt haben, schneidet man am besten unmittelbar nach der Blüte zurück. Alle Arten, die im Sommer und Herbst an diesjährigen Trieben blühen, schneidet man ganz zeitig im Nachwinter zurück. Sie werden dann bald austreiben und noch im gleichen Jahr blühen.

Manche der schwächer wachsenden Wildarten können mit der Zeit etwas vergreisen, ihr Triebwachstum wird dann geringer, die Blütenfülle läßt nach. Bei solchen Pflanzen ist im Abstand von mehreren Jahren ein kräftiger Rückschnitt bis ins alte Holz ratsam. Der Neuaufbau vollzieht sich dann aus wieder aktivierten Adventivknospen der mehrjährigen Zweige.

Die Blütezeit entscheidet, ob geschnitten wird oder nicht

Wildarten müssen nicht regelmäßig geschnitten werden

Verwendung im Hausgarten

Der überwiegende Teil der *Clematis*-Arten und -Sorten wird in Hausgärten, weniger im öffentlichen Grün verwendet. Zur Bekleidung von Fassaden innerhalb von Städten und Gemeinden wachsen die meisten Arten zu schwach.

Clematis an Mauern und Hauswänden

Obwohl die meisten *Clematis*-Arten an ihren natürlichen Standorten durch Sträucher und Bäume ihren Weg zum Licht suchen, lassen sie sich ohne große Schwierigkeiten auch an Hauswänden und Mauern ziehen.

Die Auswahl von Arten und Sorten für die Begrünung senkrechter Flächen ist von deren Ausdehnung abhängig. Nahezu alle verholzenden Wildarten und alle großblumigen Hybriden lassen sich an Mauern oder Hauswänden pflanzen. Für die Begrünung größerer Fassaden sind nur die stärkerwachsenden Arten zu gebrauchen, etwa die Anemonenwaldrebe, *Clematis montana*, die rasch auch größere Höhen überwinden kann. In jedem Fall müssen Ausdehnung und Stabilität des Klettergerüstes der Wuchshöhe der jeweiligen Art oder Sorte angepaßt werden.

Bei starkwachsenden Arten kann die Gefahr bestehen, daß einzelne Triebe in die Dächer wachsen und Dachziegel anheben. Man entgeht dieser Gefahr am einfachsten dadurch, daß man das Klettergerüst rechtzeitig unter dem Dach enden läßt. Die Triebe finden keine Stütze zum Anklammern, hängen dann nach vorne über und bilden nicht selten Kaskaden von blühenden Trieben. Eine Beschädigung der Fassadenoberfläche ist bei einem Bewuchs von *Clematis* nicht zu erwarten.

Klettergerüste

Clematis benötigen ein Klettergerüst, an dem sie sich mit ihren Blattranken festklammern können.

Für Klettergerüste sind zahlreiche Materialien geeignet. Da die Ranken aber nur vergleichsweise dünne Stützen umschlingen können, darf deren Durchmesser nicht größer als 25 mm sein. Der Abstand der horizontal verlaufenden Stützen in einem Klettergerüst darf nicht mehr als 40 cm betragen. Notwendig ist auch ein Abstand zur Wand von mindestens 5 cm, denn Klettergerüste, die einer Wand dicht anliegen, können natürlich nicht umschlungen werden. Selten wird man ein Klettergerüst so stabil und mit einem so hohen technischen Aufwand bauen, daß es mitsamt der Pflanze von der Wand abgeklappt werden kann, um so etwa einen Wandanstrich erneuern zu können.

Bei der Auswahl einer Kletterhilfe sollte neben ihrer technischen Funktion auch ihre gestalterische Wirkung berücksichtigt werden. Zum Bau von Kletterhilfen können verschiedene Materialen verwendet werden, wie Metall, Holz oder Kunststoff.

Metall
Gitter und Geflechte, zum Beispiel Baustahlgewebe und davon abgeleitete, handelsübliche Rankgitter aus Metall, aber auch Drähte und Seile in Durchmessen

Linke Seite: 'Comtesse de Bouchaud' mit Storchschnabel und anderen Stauden an einer Natursteinmauer. Beschreibung Seite 108

Abbildungen *Clematis montana* Seite 22 und 77

31

Clematis brauchen
Klettergerüste oder
andere Rankhilfen
zum Beispiel:
Metallgitter,
Lattenroste,
Bambusstäbe,
Kunststoffprofile

zwischen 6 und 10 mm, die waagerecht, senkrecht, schräg oder netzartig verspannt werden, ergeben, eine sachgemäße Befestigung vorausgesetzt, stabile Klettergerüste. Alle werden am besten mit dem erforderlichen Wandabstand durch Mauerhaken oder auf einer Lattenkonstruktion befestigt. Um vorzeitige Korrosionen zu vermeiden, sollten alle Metallteile entweder aus Edelstahl, tauchverzinkt oder mit Kunststoff ummantelt sein.

Als Blattstielranker können *Clematis* nur Stützen bis zu einem Durchmesser von maximal 15 mm umranken. Als ideal gelten für die meisten Arten und Sorten Kletterhilfen mit einem Durchmesser von 5 bis 12 mm. Die Gitterweiten von Baustahlmatten oder anderen Geflechten sollten nicht mehr als 15×15 cm betragen. Nur bei regelmäßigem Aufbinden oder bei sehr starkwüchsigen Arten wie *C. vitalba* oder *C. montana* sind horizontal verlaufende Drahtbespannungen mit größeren Abständen möglich.

Holz findet in Form von Latten oder Bambusstäben Verwendung. Holz kann aber nur als Unterlage für das eigentliche, engmaschige Klettergerüst dienen, da Holzlatten von den Blattstielranken der *Clematis* nicht umschlungen werden können. Nicht zu weite Gitterkonstruktionen aus Holz können bestenfalls durchschlungen werden. Latten sind in der Regel aus Nadelhölzern wie Fichte und Kiefer gefertigt. Sie haben im Vergleich zu Latten aus Lärche oder fäulnisbeständigen Importhölzern eine wesentlich geringere Lebensdauer. Erhöhen läßt sich ihre Lebensdauer durch die Verwendung gehobelter Profile, die Abschrägung waagerechter Flächen, die Vermeidung wasserspeichernder Stöße, durch die Verwendung von kesseldruckimprägnierten Profilen oder durch die Konservierung des Holzes mit pflanzenverträglichen Holzschutzmitteln. Bambusstäbe sind in unseren Breiten in der Regel nur zur Errichtung kleinerer Spaliere geeignet.

Glasfaserverstärkter Kunststoff (GFK)
Kletterhilfen aus GFK-Rundprofilen lassen sich variabel einsetzen und bei Bedarf weiter ausbauen. Sie sind pflanzenverträglich, leicht wie Aluminium, sehr flexibel und gegen Witterungseinflüsse, UV-Strahlung und Chemikalien extrem beständig.

Clematis an Lauben, Pergolen und Zäunen

Lauben, Pergolen und Zäune stellen ideale Verwendungsbereiche für die Ansiedlung von Wildarten und großblumigen Hybriden dar. Die an Mauern und Fassaden nicht selten auftretenden Behinderungen – zu hohe Sonneneinstrahlung, Boden- und Lufttrockenheit, zu geringe Luftzirkulation – treten hier nicht auf. Natürlich müssen Lauben und Pergolen mit entsprechenden Rankhilfen ausgestattet sein.

Viel zu selten werden bei uns Maschendraht- oder Holzzäune mit Kletterpflanzen bepflanzt. Vor allem *Clematis*-Wildarten könnten die oft starr und abweisend wirkenden Garteneinfriedigungen auflockern und freundlicher gestalten.

Neben Pergolen und Lauben bieten auch zahlreiche andere Plätze Möglichkeiten zur Anpflanzung von Waldreben. Erinnert sei nur an Torbögen oder Schutzwände von Hauseingängen, an Sichtschutzwände bei Sitzplätzen, an Balkone und Loggien oder an freistehende Rankgerüste. Selbst Pfosten jeder Art können mit *Clematis* eingegrünt werden, wenn man sie mit einem Klettergerüst umgibt. Die Einsatzmöglichkeiten von *Clematis* in Verbindung mit den verschiedensten Architekturelementen sind schier unbegrenzt.

In allen Fällen müssen natürlich die Standortanforderungen der Waldreben berücksichtigt werden. Außerdem ist darauf zu achten, daß für die zur Berankung vorgesehene Fläche Arten und Sor-

ten mit entsprechender Wuchsleistung
ausgesucht werden.

Große Lauben, Pergolen oder Bogen-
gänge sollten nie ausschließlich mit *Clematis* bepflanzt werden. Eine Kombination mit anderen, nicht zu stark wachsenden Kletterpflanzen wie Winterjasmin, *Akebia-, Actinidia-, Lonicera-* oder
Wisteria-Arten und Kletterrosen, bringt
Abwechslung in den Garten und verlängert die Blütezeit.

Clematis in Verbindung mit anderen Wandbegrünungen

Es ist keineswegs notwendig, *Clematis*
bei Wandbegrünungen immer von anderen Kletterpflanzen isoliert zu verwenden, man kann sie auch mit anderen
Pflanzenarten kombinieren. Man kommt
damit nicht nur dem natürlichen Wuchsverhalten der Waldreben entgegen, sondern kann auch überraschende Effekte
erzielen.

Solche Kombinationen sind vor allem
in England beliebt. Hauswände werden
dort nicht nur mit Kletterpflanzen eingegrünt, sondern auch mit Sträuchern und
Bäumen, die durch regelmäßigen Schnitt
flach am Haus gehalten werden und so
dichte Polster und Spaliere bilden. Man
verwendet dazu unter anderem immergrüne Arten wie Feuerdorn, Kamelien,
Ceanothus, Garrya und *Magnolia grandiflora* oder sommergrüne Arten wie *Budd-
leja, Choenomeles* und *Cotoneaster hori-
zontalis*, aber auch Kletterpflanzen wie
Winterjasmin, *Wisteria* und Kletterrosen.
Einige der genannten Arten sind bei uns
nicht ausreichend frosthart, aber auch
andere Sträucher sind für Wandbegrünungen durchaus denkbar.

Über und durch derartige Wirtspflanzen läßt man nun *Clematis* wachsen.
Man wählt dazu vor allem die schwächer
wachsenden Wildarten oder die besonders großblumigen und deshalb schutz-
bedürftigen Hybriden oder gefülltblühenden Sorten aus. *Clematis* kommen besonders gut zur Geltung, wenn sie ihre

Blüten vor dem Hintergrund immergrüner Wirtspflanzen entfalten können. In
unseren Breiten steht uns für immergrüne Wandbekleidungen unter den
nichtkletternden Arten eigentlich nur
der Feuerdorn zur Verfügung.

Eine besonders glückliche Kombination ist auch die von Kletterrosen und
Clematis. Gerade Kletterrosen bieten mit
ihren ausladenden Zweigen den Waldreben vielfachen Halt.

Bei allen Kombinationen muß man
darauf achten, daß *Clematis*-Arten und

**'Madame Julia
Correvon',
großblumige
Hybride der
Viticella-Gruppe
(links) und
C. viticella
'Abundance' in
einem englischen
Mauergarten mit
Blutweiderich und
anderen Stauden.
Beschreibung
Seite 68 und 112**

'Perle d'Azur' in einem englischen Mauergarten, rechts daneben 'Victoria'. Beschreibung Seite 112 und 115

-Sorten ausgewählt werden, die einen Rückschnitt vertragen. Denn die meisten Wirtspflanzen müssen regelmäßig beschnitten werden und es ist fast unmöglich, die *Clematis* dabei ungeschnitten zu lassen.

Selbstverständlich können Wirtspflanzen und *Clematis* nicht gleichzeitig gepflanzt werden. Die Wirtspflanze muß sich einige Jahre etabliert haben, ehe *Clematis* als Nachbarn (und Konkurrenten) hinzugepflanzt werden können.

Clematis in Pflanzkübeln

Clematis lassen sich nicht nur im gewachsenen Boden, sondern auch in Pflanzkübeln kultivieren. Diese Tatsache gibt uns die Möglichkeit, auch Balkone, Dachterrassen oder gepflasterte Innenhöfe mit *Clematis* zu begrünen. Mit ihrer vergleichsweise geringen Ausdehnung sind gerade sie für beengte Pflanzverhältnisse gut geeignet.

Voraussetzung für eine erfolgreiche Kultur sind die Auswahl der richtigen Art oder Sorte, die Bereitstellung geeigneter Kulturerde sowie die sachgerechte Pflege. Arbeiten wie Wässern, Düngen und Schneiden erfordern gegenüber der normalen Kultur eine erhöhte Aufmerksamkeit.

Als Pflanzgefäß eignet sich jedes beliebige Material, als Mindestgröße gilt ein innerer Durchmesser von etwa 50 cm und eine Tiefe von etwa 40 cm. Um stauende Nässe im Pflanzgefäß zu vermeiden, müssen ausreichend große Löcher im Boden des Gefäßes vorhanden sein. Außerdem füllt man das Gefäß 5 bis 10 cm hoch mit grobem Kies oder feinem Schotter auf.

Wie bei allen mehrjährigen Pflanzenkulturen in Kübeln muß der Zubereitung des Pflanzsubstrates große Aufmerksamkeit gewidmet werden. Das Substrat muß vor allem locker und damit luft- und wasserdurchlässig sein. Damit dieser Zustand möglichst lange erhalten bleibt, ist eine ausreichend hohe Strukturstabilität des Substrates erforderlich. Man kann vorgefertigte und abgepackte Komposterden in allen einschlägigen Geschäften kaufen, sie sollten möglichst grob strukturiert sein. Eigene Mischungen stellt man aus einer lehmhaltigen Gartenerde her, der in Anteilen zu je einem Drittel grobkörniger Sand und Torf, bzw. Rindenkompost zugesetzt wird. Dem Substrat wird am besten ein Langzeitdünger beigemischt, der die Pflanzen über mehrere Monate kontinuierlich mit Nährstoffen versorgt. Man kann zwischen Düngermischungen wählen, deren Nährstoffe 3 bis 4 Monate aber auch 8 bis 9 Monate lang gleichmäßig fließen. Bei Spezialdüngern wie Plantosan 4D, Osmocote und Plantcote sind die Hauptnährstoffe in langsam und schnell fließenden Formen vorhanden. Außerdem enthalten die meisten Dauerdünger auch Spurenelemente, die für eine ausgewogene Ernährung der Pflanzen äußerst wichtig sind. Derartige Dünger werden, je nach Fabrikat, dem Pflanzsubstrat in Mengen zwischen 1 bis 6 kg je m^3 beigemischt. Der Vorratsdünger reicht für die Versorgung der Pflanzen im ersten Jahr aus. Später wird mit wasserlöslichen Pflanzennährsalzen gearbeitet. Poly-Fertisal ist ein Dünger, dessen Zusammensetzung vor allem die Blütenbildung bevorzugt, er wird dem Gießwasser mit 2 bis 3 g je Liter zugesetzt. Andere Dünger fördern vorwiegend Blattentwicklung und Wachstum. Flüssigdünger sollten nur bis spätestens Ende Juli gegeben werden, sonst könnte sich die rechtzeitige Holzausreife verzögern.

Als Kübelpflanzen eignen sich vor allem die schwächerwachsenden Arten mit großen, dekorativen Blüten wie *Clematis alpina* und *C. macropetala* mit ihren Sorten oder großblumige Hybriden, die kompakt wachsen. In England empfiehlt man für die Topfkultur frühblühende Sorten wie 'Barbara Dibley', 'Bees Jubilee', 'Corona', 'Dawn', 'Fair Rosamond', 'H.F. Young', 'Horn of Plenty', 'Lady Londesborough', 'Miss Bateman', 'Mrs. P.B. Truax' und 'Sir Garnet Wolseley', die etwas später blühenden 'Barbara Jackman', 'Beauty of Worcester', 'Bracebridge Star', 'Countess of Lovelace', 'Daniel Deronda', 'Edith', 'Elsa Späth', 'John Warren', 'Kathleen Wheeler', 'Lady Northcliffe', 'Lasurstern', 'Lincoln Star', 'Lord Nevill', 'Marie Boisselot', 'Mrs. Cholmondeley', 'Mrs. George Jackman', 'Mrs. N. Thompson', 'Nelly Moser', 'Niobe', 'Proteus', 'Richard Pennell', 'The President' und 'Vyvyan Pennell', schließlich spätblühende Sorten wie 'Comtesse de Bouchaud', 'Madame Edouard André', 'Hagley Hybrid', 'Perle d'Azur', 'Jackmanii Superba' und alle *Clematis viticella*-Sorten. Ganz besonders gut geeignet für

eine Kultur in Töpfen sind die von F. Westphal gezüchteten Sorten 'Königskind' und 'Maria Louise Jensen'.

Bei allen Arten und den genannten Sorten kann die Ausdehnung der Pflanzen durch Schnitt in Grenzen gehalten werden. Frühblühende Arten und Sorten, die ihre Blüten am alten Holz anlegen, kann man unmittelbar nach der Blüte zurückschneiden. Die neu gebildeten Triebe werden im nächsten Frühjahr wieder blühen. Die spätblühenden Sorten der Jackmanii-Gruppe schneidet man wie bei der Freilandkultur im zeitigen Frühjahr zurück.

Natürlich muß den Pflanzen auch bei der Topfkultur ein Klettergerüst zur Verfügung stehen. Es muß in seinen Dimensionen der Größe des Kübels angepaßt sein. Die sich nach einem Rückschnitt neu bildenden Triebe müssen sorgfältig so gelenkt werden, daß die ganze Spalierfläche begrünt wird.

Clematis als Schnittblumen

Früher wurden *Clematis* als Schnittblumen auch in der Erwerbsgärtnerei gezogen. In Holland wurde zum Beispiel *Clematis × durandii* in Gewächshäusern kultiviert und als Schnittblume zu den Versteigerungen gebracht. Heute sind

Clematis terniflora eignet sich gut zum Beranken von sommergrünen Bäumen und starkwachsenden Nadelgehölzen. Beschreibung Seite 78

Abgebildete Sorten für Pflanzgefäße: 'Barbara Jackman' und 'Lasurstern' Seite 85 'Vyvyan Pennell' Seite 26 und 100 'Comtesse de Bouchaud' Seite 30 'Perle d'Azur' Seite 34 *Clematis viticella* Seite 23 und 48 'Königskind' Seite 95

Fruchtschmuck bei
Clematis orientalis,
Seite 23, *Clematis
integrifolia*,
Seite 44, und
Clematis vitalba,
Seite 79

Clematis aus den Angeboten der Blumengeschäfte weithin verschwunden und haben somit als Schnittblumen nur noch im privaten Bereich eine Bedeutung für den Hausgarten.

Neben den Blüten sind auch die federigen Fruchtstände einiger Sorten ein dekorativer Schmuck, der besonders gut in Blumenarrangements verarbeitet werden kann.

Blüten halten sich in der Vase dann am besten, wenn sie kurz vor ihrer vollen Entfaltung geschnitten werden, die Staubgefäße sollen noch in einem dichten Büschel zusammenstehen. Um die Transpiration herabzusetzen, werden die Blütenstiele entblättert und sofort in kaltes Wasser gestellt. Raumtemperatur und Blütenkondition bestimmen unter anderem die Lebensdauer von Schnittblumen. *Clematis*-Blüten können bis zu 10 Tage frisch bleiben.

Englische Hobbygärtner kultivieren *Clematis* zur frühzeitigen Gewinnung von Schnittblumen auch in Glas- oder Folienhäusern. Die schönsten Blüten werden erzielt, wenn die Raumtemperatur nur leicht über der Außentemperatur liegt, die Blüten aber vor Regen und Wind geschützt sind.

Zur Gewinnung möglichst langstieliger Schnittblumen ist ein regelmäßiger Rückschnitt der Pflanzen, unabhängig von ihrer Gruppenzugehörigkeit, unerläßlich. Sorten mit stabilen Trieben sind natürlich besser geeignet als dünntriebige Sorten. Für den Schnitt werden in England die folgenden großblumigen Hybriden empfohlen:

Dunkelblau blühend: 'Beauty of Worcester', 'Kathleen Wheeler', 'Lasurstern', 'Richard Pennell', 'Serenata', 'The President'.

Hellblau blühend: 'Beauty of Richmond', 'H.F. Young', 'Lady Caroline Nevill', 'W.E. Gladstone', 'William Kennett'.

Malvenfarben blühend: 'Barbara Jackman', 'Horn of Plenty', 'King Edward VII.', 'Vyvyan Pennell'.

'Madame Le
Coultre', die schönste reinweiße großblumige
Clematis-Sorte.
Beschreibung
Seite 104

Rosa blühend: 'Fairy Queen', 'John Warren', 'Lincoln Star', 'Nelly Moser'.

Weiß und cremeweiß blühend: 'Edith', 'Henry', 'Marie Boisselot', 'Miss Bateman', 'Mrs. George Jackman', 'Yellow Queen'.

Besonders attraktive Fruchtstände mit ihren fedrigen, silbrig gefärbten Samenschweifen lassen sich vor allem von folgenden Wildarten gewinnen: *Clematis alpina, C. fargesii, C. macropetala, C. orientalis, C. serratifolia, C. tangutica* und *C. vitalba*, außerdem von den frühblühenden Sorten unter den großblumigen Hybriden.

Clematis in Bäumen und Sträuchern

Mit der Kombination von *Clematis* mit anderen Wandbegrünungen ist der erste Schritt zu ihrer Verwendung in naturnahen Pflanzungen getan. Eine Vergesellschaftung von *Clematis* mit Bäumen und Sträuchern kommt ihrem Wuchsverhalten an ihren natürlichen Standorten aber noch stärker entgegen.

Bäume und Sträucher sind die natürlichen Partner vieler Waldrebenarten. Sie bieten ihren Trieben den notwendigen Halt und damit die Möglichkeit, ihre Blätter an das lebensnotwendige Licht zu bringen.

Im Garten verwenden wir *Clematis* viel zu selten in Verbindung mit Bäumen und Sträuchern. Dabei gäbe es dazu vielerlei Gelegenheit, etwa an älteren, schon unansehlich gewordenen Bäumen, an stehengelassenen Baumstümpfen oder an robusten, wenig attraktiven Sträuchern. Bäume und Sträucher bieten oft die beste Möglichkeit zu einer optimalen Präsentation von *Clematis*. Hier hängen ihre Triebe oft weit herab, zur Zeit der Blüte wirken sie wie ein weißer oder rosa Wasserfall. Als Stütze können nicht nur sommergrüne Baum- oder Straucharten verwendet werden, sondern auch robuste immergrüne Laub- und Nadelgehölze. Gerade vor dem Hintergrund des oft dunkelgrünen Laubes immergrüner Pflanzen kommen die hellen Blüten der *Clematis* besonders gut zur Geltung. Der Auswahl von Trägerpflanzen sind nur wenige Grenzen gesetzt. Ungeeignet sind alle hohen, großkronigen Bäume oder solche mit brüchigem Holz. Natürlich wird man auch keine seltenen, wertvollen Baum- und Straucharten und keine besonders zierlichen, dekorativen Sträucher zur Ansiedlung von *Clematis* auswählen.

Unter den sommergrünen Bäumen sind ältere, nicht mehr voll im Ertrag stehende Apfel- und Birnbäume besonders gut geeignet, auch Baumarten geringerer Größe aus den Gattungen *Prunus, Sorbus, Laburnum* oder *Robinia*.

Die Kombination von *Clematis* mit bestimmten Baumarten hängt vom individuellen Geschmack ab. Blattfarbe des Baumes und Blütenfarbe der *Clematis* sollten aufeinander abgestimmt werden. Zum silbrigen Laub von *Pyrus salicifolia* sieht eine *Clematis* mit purpurfarbenen Blüten besonders schön aus, also etwa *C. viticella* 'Etoile Violette' oder 'Jackmanii Superba'. Vor dunklem Laub an Apfel- und Birnenbäumen kommen hellblühende Sorten wie 'Comtesse de Bouchaud' und 'Huldine' oder hellblühende *C. viticella*-Sorten am besten zur Geltung. Das dunkelrote Laub von *Corylus maxima* 'Purpurea' oder von *Cotinus coggygria* 'Royal Purple' bietet einen guten Hintergrund für alle großblumigen *Clematis*-Sorten mit weißen oder hellrosa Blüten oder für die kleinblumigen, gelbblühenden *Clematis*-Arten. Das goldgelbe Laub von *Robinia pseudoacacia* 'Frisia' sei ein absolutes Muß, um die Schönheit der purpurnen Blüten von *C. viticella* 'Etoile Violette' oder die großen, tief purpurfarbenen Blüten von 'Gipsy Queen' in optimaler Weise zu präsentieren, heißt es in einer Empfehlung von EVISON.

Zur Berankung von sommergrünen Bäumen und starkwachsenden Nadelgehölzen eignen sich nur starkwachsende *Clematis*-Arten. Allen voran die Anemo-

Blattfarben von
Wirtspflanzen und
Blütenfarben von
Clematis als
Kontrast

nenwaldrebe, *C. montana*, und ihre Sorten. Natürlich aber auch Arten mit weniger attraktiven Blüten wie die Gemeine Waldrebe, *C. vitalba*. Gut geeignet sind auch die Rispenblütige Waldrebe, *C. terniflora* und die Goldschopfige Waldrebe, *C. chrysocoma* var. *sericea*. Unter den größer werdenden Nadelgehölzen sind als Wirtspflanzen vor allem Kiefern geeignet, aber auch *Chamaecyparis*- oder *Thuja*-Formen mit mehr oder weniger geschlossener Krone.

Zur Anpflanzung an immergrünen Gehölzarten wie Stechpalmen und Eiben sind auch die etwas schwächer wachsenden Arten geeignet, etwa die Mandel-Waldrebe, *C. flammula*, die Orientalische Waldrebe, *C. orientalis*, die Mongolische Waldrebe, *C. tangutica*, und die Italienische Waldrebe, *C. viticella* mit ihren zahlreichen Sorten. Unter den großblumigen Hybriden bietet sich für diesen Verwendungsbereich vor allem die robuste *C.* × *jackmanii* mit ihren Sorten an, außerdem alle starkwachsenden Sorten der Jackmanii-Gruppe. Mit ihrem dunkelgrünen Laub bilden Stechpalmen und Eiben einen guten Hintergrund für alle Blütenfarben, vor allem aber für alle weiß- und blaßblühenden Sorten.

Zu den immergrünen Großsträuchern, die als Stützpflanzen für *Clematis* dienen, zählt man in England auch *Rhododendron*, die dort Höhen von weit über 3 m erreichen können. Als Partner sind großblumige *Clematis*-Hybriden mit Blütezeit im Juli geeignet, also Sorten, die sowohl am alten Holz wie an jungen Trieben blühen. Sie blühen erst, nachdem die Rhododendren verblüht sind. Dazu zählen die lavendelblaue 'Beauty of Richmond', die blaßrosa 'Fairy Queen', die rote 'Duchess of Sutherland', die prächtige weiße 'Marie Boisselot', die blaßblauen 'Prins Hendrik' und 'W.E. Gladstone' sowie die purpurviolette 'Serenata'.

Unter den sommergrünen Großsträuchern sind vor allem gut entwickelte Japanische Ahorne, der Katsurabaum, *Cercidiphyllum japonicum*, der Perücken-strauch, *Cotinus coggygria*, starkwachsende Schneeballarten und der Judasbaum, *Cercis siliquastrum*, geeignet, alles Arten mit einer ziemlich dichten und feinen Verzweigung.

Aus der Gruppe der mittelhohen Sträucher bieten sich zahlreiche Arten als Stützen für *Clematis* an. Man bevorzugt kompakt wachsende Arten mit mehr oder weniger geschlossener Oberfläche, über die die *Clematis* ranken können, vor allem immergrüne Arten wie *Rhododendron*, *Cotoneaster*, Feuerdorn, immergrüne *Elaeagnus*-Arten oder *Aucuba japonica*. In dieser Gruppe sind als Partner nahezu alle Sorten der großblumigen Hybriden geeignet. Der phantasievollen Kombination von Wirtspflanze und *Clematis* sind nahezu keine Grenzen gesetzt. Natürlich sollte man die Blütezeiten der Partner berücksichtigen und die *Clematis* so auswählen, daß die Blütezeit insgesamt verlängert wird. Bei einer geschickten Auswahl geeigneter Sorten können in größeren Gärten von Mai bis spät in den Herbst ständig *Clematis* blühen.

Folgende Kombinationen bilden farblich schön abgestimmte Pflanzengemeinschaften: Die grünen Blätter von Feuerdorn sind ein erfreulicher Hintergrund für die pflaumen-purpurfarbigen Blüten von 'Kathleen Wheeler'. Das purpurne Blattwerk von *Acer palmatum* 'Atropurpureum' ist ein prächtiger Kontrast zu den rosa Blüten von 'John Warren' oder den blaß-lavendelfarbenen Blüten von 'Mrs. Cholmondeley'. Sorten mit blasseren Blüten, wie die malvenfarbene 'Nelly Moser', die blaßblaue 'Perle d' Azur' oder die weiße 'Mrs. George Jackman' kommen vor dem dunkelpurpurnen Laub von *Cotinus coggygria* 'Royal Purple' erst richtig zur Geltung. Die samtig roten Blüten von 'Niobe' sind wunderschön vor dem Hintergrund der gelbgefleckten Blätter von *Aucuba japonica* 'Variegata' und *Elaeagnus pungens* 'Maculata' und ebenso die weißblühende 'Marie Boisselot' vor dem graugrünen Laub von *Cotoneaster franchetii*.

In England werden groß- und kleinblumige *Clematis* gerne in Verbindung
mit Strauch- und Kletterrosen gepflanzt,
schwachwachsene *Clematis*-Sorten zusammen mit Teehybriden oder bodendek-
kende Rosen. Berry Fretwell, ein eng-
lischer *Clematis*-Züchter empfiehlt unter
anderem folgende Kombination von Kletterrosen und *Clematis*:

Rosensorte	Clematissorte
'American Pillar'	'Huldine'
'Bobby James'	'Mme. Baron Veillard'
'Compassion'	'Perle de Azur'
'Coral Dawn'	'Peverill Pearl'
'Danse de Feu'	*C. macropetala* 'Snowbird'
'Dortmund'	'Mrs. Cholmondely'
'Elegance'	'Lady Northcliff'
'Golden Showers'	*C. viticella* 'Etoile Violette'
'Hamburger Phoenix'	*C. flammula*
'Maigold'	'Jackmanii Superba'
'Parkdirektor Riggers'	*C. viticella* 'Alba Luxurians'
'Ritter von Barmstede'	'Victoria'
'Seagull'	'Gipsy Queen'
'Silver Moon'	*C. viticella* 'Purpurea Elegance'

Sehr reizvoll können auch Kombinationen verschiedener *Clematis*-Arten oder
Sorten sein, wenn etwa Sorten mit dunklen Blüten zu hellblühenden, gefülltblühende zu einfach blühenden Sorten gestellt werden oder großblumige Sorten
zu kleinblumigen Wildarten oder Formen, etwa die großblumige Sorte 'John
Huxtable' zu *C. × triternata* 'Rubro-marginata' oder 'Madame Edouard André' zu
C. flammula, *C. ligusticifolia* oder *C. vitalba*. Spannungsvoll sind derartige Kombinationen vor allem dann, wenn die beiden Partner gleichzeitig blühen.

In Verbindung mit immergrünen Bäumen und Sträuchern sollten nur solche
Arten und Sorten verwendet werden, die
einen regelmäßigen Rückschnitt vertragen, denn die Wirtspflanzen müssen
nach dem Laubabwurf ihrer Gäste »aus-
geräumt« werden. Das trägt nicht nur
zum »ordentlichen« Aussehen der Gast-
geber bei, sondern gibt ihrem Laub auch
Gelegenheit zur vollen Assimilation.
Schon vor Beginn des Winters werden
alle neuen Triebe zurückgeschnitten und
entfernt. Der endgültige Rückschnitt bis
auf gut entwickelte Blattknospen kann
dann wie üblich im Nachwinter vorgenommen werden. Verwendet man frühblühende Sorten, die nicht regelmäßig
zurückgeschnitten werden, muß man
darauf achten, daß sich die Zweige der
Clematis nicht zu üppig ausbreiten. Die
Wirtspflanzen könnten sonst unter der
Last der Zweige zerbrechen oder erstik-
ken.

Spätblühende Arten in laubabwerfen-
den Bäumen und Sträuchern können in
gleicher Weise behandelt werden.
C. montana und andere frühblühende Arten, die immer nur an ausreichend großen Bäumen gepflanzt werden, werden
nur dann geschnitten, wenn ihre Ausdehnung zu üppig wird oder die Triebe
zu weit herabhängen.

An den Wirtspflanzen werden durch
Clematis nur dann Schäden verursacht,
wenn man diese zu dicht und zu schwer

Clematis 'Golden
Tiara' ist ein
Sämling von
Clematis 'Golden
Harvest'. Die
Hybride wird etwa
2,5 cm hoch, hat
frischgrüne Blätter
und goldgelbe,
abstehende bis
nickende Blüten mit
vier fleischigen,
weit abstehenden
bis zurückge-
schlagenen
Blütenblättern.

Kombinationen
verschiedener
Arten auf
Fotos Seite 6, 11, 33,
34

werden läßt. Nicht nur die notwendige Assimilation der stark beschatteten Blätter wird dadurch beeinträchtigt, sondern auch die arttypische Entwicklung der Wirtspflanze. Außerdem kann das Zweiggewirr der *Clematis* bei Regen und Schnee so schwer werden, daß Äste brechen. Ein rechtzeitiges Auslichten und Zurückschneiden der *Clematis* verhindert derartige Schäden. Eine Strangulation von Stämmen und Ästen, wie wir sie vom Baumwürger, *Celastrus orbiculatus*, oder vom Wald-Geißblatt, *Lonicera periclymenum*, kennen, kommt bei *Clematis* nicht vor, denn die feinen Blattranken der *Clematis* sind zu solchen Einschnürungen nicht in der Lage.

Clematis tangutica ist die am häufigsten gepflanzte gelbblühende Art. Hier die Sorte 'Aureolin'.
Beschreibung Seite 71

Clematis im Lebensbereich Gehölzrand

Gehölzränder sind ideale Standorte für die Ansiedlung zahlreicher Staudenarten. Das gilt auch für die staudigen und halbstrauchigen Arten der Gattung *Clematis*. Dazu gehören die in Mitteleuropa heimische Großblättrige Waldrebe, *C. heracleifolia*, die Ganzblättrige Waldrebe, *C. integrifolia* und die Aufrechte Waldrebe, *C. recta* sowie die in Ost-Asien heimische Chinesische Waldrebe, *C. acutangula*, die Songarische Waldrebe, *C. songarica* und die Japanische Waldrebe, *C. stans*, außerdem *C. × jouiniana*, eine Hybride zwischen *C. heracleifolia* und *C. vitalba*, mit ihren Sorten sowie *C. × bonstedtii*. Alle können wie Wildstauden behandelt werden. In Parkanlagen und in naturnahen Gärten finden sie vor oder zwischen locker gepflanzten Laubgehölzen, an sonnigen und halbschattigen Plätzen, ideale Standorte. Viele staudige *Clematis*-Arten sind ausgesprochen langlebige Gartenpflanzen, die jahrzehntelang am gleichen Platz gedeihen können. JELITTO empfiehlt als passende Nachbarn Osterluzei, *Aristolochia clematis*, Zwerg-Holunder, *Sambucus edulus*, Diptam, *Dictamnus albus*, Wald-Geißblatt, *Aruncus silvestris*, Wald-Glockenblume, *Campanula latifolia* und Silberkerze, *Cimicifuga foetida*.

Clematis in Steingärten

Für die Anpflanzung in Steinanlagen oder Steingärten eignen sich schwachwachsende, verholzende Klettersträucher wie die Alpen-Waldrebe, *C. alpina* oder die halbstrauchige Großblütige Alpen-Waldrebe, *C. macropetala*, besonders gut. Das gilt auch für außereuropäische Arten mit ähnlichem Wuchsverhalten, wie *C. fusca* oder *C. pitcheri*. Im Anschluß an ihren Blütenflor schmücken sich nahezu alle Wildarten mit fedrigen, silbrigweißen Fruchtständen. Man pflanzt alle Arten so, daß ihre Zweige größere Steine oder robuste Zwerggehölze wie Zwergkiefern oder Zwergfichten überziehen können. Wählt man dabei die Nordseite der Steine oder Zwerggehölze, sorgt man gleichzeitig für die notwendige Kühle im Wurzelbereich der Waldreben.

Nicht nur im Steingarten, sondern auch in Heidegärten oder in Verbindung mit Stauden lassen sich *Clematis* pflanzen. Man pflanzt sie zwei Jahre später als die Stauden oder Heidekräuter und läßt über diese dann die langen Zweige von locker und nicht zu stark wachsenden Arten und Sorten wachsen.

Clematis als Bodenpflanzen

An ihren natürlichen Standorten erreichen nicht alle Waldreben sofort eine passende Stütze, an denen sie sich anklammern und emporwachsen können. Nicht selten müssen die langen Triebe kürzere oder längere Zeit am Boden kriechen. Sie können dabei ziemlich dichte Teppiche bilden. Trotzdem lassen sie sich nicht großflächig wie etwa flachwachsende *Cotoneaster* als Bodendecker verwenden. Man pflanzt sie am besten in kleinen Gruppen und an besonderen Plätzen, zum Beispiel in großen Steinanlagen, an Böschungen oder an Mauerkronen.

Als Kriechpflanzen sind die schon für die Verwendung in Steingärten genannten Arten brauchbar, vor allem also *Clematis alpina* und *C. macropetala*, außerdem stärker wachsende Arten wie *C. montana*, *C. tibetana* ssp. *vernayi*, *C. orientalis*, *C. tangutica* und *C. vitalba* oder die robuste Hybride *C.* × *jackmanii*. Zu den besten bodenbedeckenden *Clematis* gehört die Hybride *C.* × *jouiniana* mit ihrer frühblühenden Form 'Praecox'.

Man kann die Triebe der *Clematis* unmittelbar über den Boden kriechen lassen, leitet sie besser aber über Steine, Felsen oder Baumstümpfe. Als Kriechpflanzen lassen sich *Clematis* sehr gut auch in Verbindung mit Schneeheide,

Erica carnea, oder niedrigen Stauden pflanzen. Dazu muß man allerdings weniger stark wachsende *Clematis* zum Beispiel *C. viticella*-Sorten wählen und die Pflanzen in genügend großem Abstand im *Erica*-Beet verteilen. Es sollen sich nur wenige Triebe locker über den Schneeheide-Teppich legen.

Alle kriechenden *Clematis* müssen regelmäßig geschnitten werden. Man hält so ihre Ausdehnung in Grenzen, hält die Pflanzen in einem wüchsigen Zustand und verhindert ein Ersticken des Unterwuchses. Frühblühende Arten und Sorten schneidet man unmittelbar nach der Blüte, die spätblühenden im Nachwinter zurück.

Anlage eines Clematis-Beetes

Besonders reizvoll kann die Anlage eines *Clematis*-Beetes sein, wie sie in englischen *Clematis*-Büchern beschrieben wird. Dazu werden Drähte oder Drahtnetze über kurze Pfähle gespannt, um die Triebe der *Clematis* vom Boden fernzuhalten. Ein dichter Blütenteppich entsteht nur dann, wenn die Clematis ziemlich eng gepflanzt werden. Für ein rundes Beet von 2,5 m Durchmesser werden vier bis fünf Pflanzen benötigt. *C.* 'Jackmanii' und die spätblühenden, großblumigen Sorten dieser Gruppe, einschließlich der Sorten von *C. viticella* eignen sich am besten für die Anlage eines solchen Beetes. Man wählt vorwiegend spätblühende Sorten, damit die Pflanzen im zeitigen Frühjahr regelmäßig zurückgeschnitten werden können.

Das Beet wird zusätzlich mit frühblühenden Blumenzwiebeln bepflanzt. Sie haben ihre Entwicklung abgeschlossen, bevor die Neutriebe der *Clematis* das Beet bedecken. Soll das Beet auch im Spätherbst und Winter ansehnlich sein, überläßt man es nicht nur den *Clematis* und Blumenzwiebeln, sondern bringt auch noch einige niedrige immergrüne Sträucher dazwischen unter.

Abgebildete Arten:
Clematis alpina
Seite 14
Clematis alpina
subsp. *sibirica*
Seite 59
Clematis macropetala Seite 61
Clematis ×
jouiniana 'Praecox'
Seite 54

Krankheiten und Schädlinge

Es gibt zum Glück nur wenige *Clematis*-Krankheiten, unter diesen aber eine, die verheerende Schäden verursachen kann. Es handelt sich um die Welkekrankheit der *Clematis*.

Welkekrankheit

Die Krankheit macht sich durch ein plötzliches Absterben einzelner Zweigpartien oder der ganzen Pflanze bemerkbar. Bei völliger Gesundheit kann eine Pflanze während der Vegetationszeit über Nacht kollabieren und am nächsten Abend tot sein. Blätter und Blüten hängen schlaff herunter, es ist, als ob die Pflanze unmittelbar über dem Boden abgeschnitten worden wäre.

Bisher wurde angenommen, daß vor allem eine unzureichende Bewässerung, aber auch ein schlechter Ernährungszustand oder ein mangelhaftes Verwachsen an der Veredlungsstelle Ursachen für eine ungenügende Wasserversorgung und damit für das plötzliche Absterben seien. Heute geht man davon aus, daß die Pilze *Coniothyrium clematidis* und *Ascochyta clematidina* Verursacher der *Clematis*-Welke sind. Man nimmt an, daß die Pilze die Triebe der Pflanzen in Bodennähe befallen, in die Leitungsbahnen eindringen und diese verstopfen. Mangel an Wasser führt dann zum plötzlichen Tod der Pflanzen.

Im allgemeinen werden die großblumigen Hybriden stärker befallen als die Wildarten. Auch kranke, alte oder sehr junge Pflanzen sind stärker gefährdet als Pflanzen im besten Wachstum. Ausreichende Bewässerung in Trockenzeiten und alle Maßnahmen, die dazu dienen, die Pflanzen in einem wüchsigen Zustand zu erhalten, können das Befallsrisiko mindern. Dazu gehören vor allem die Wahl des richtigen Pflanzplatzes, eine optimale Bodenvorbereitung und Düngung sowie ein sachgerechter Schnitt.

Befallene Triebe erholen sich nicht wieder. Die Pflanze selbst muß aber nicht gleich eingehen. Man schneidet befallene Triebe bis auf die Befallsstelle zurück, auch wenn diese Stelle unter der Bodenoberfläche liegt. Hat man die Pflanze tief genug gepflanzt, kann sie sich aus schlafenden Augen regenerieren. Das gilt vor allem für Pflanzen, die aus Stecklingen vermehrt worden sind und damit auf eigenen Wurzeln stehen.

Die sich nach einem Rückschnitt kranker Pflanzen neu entwickelnden Triebe sollten mit kupferhaltigen oder organischen Fungiziden (z.B. Benomyl) behandelt werden. Fachleute empfehlen, alle gefährdeten *Clematis* im Herbst und zur Zeit des Austriebes im Frühjahr vorbeugend mit Fungiziden zu behandeln, vor allem den unteren Bereich der Pflanzen. Befallene Triebe und Blätter müssen natürlich sorgfältig gesammelt und verbrannt werden.

Sonstige Krankheiten und Schädlinge

Alle anderen pilzlichen Krankheiten und tierischen Schädlinge, die an *Clematis* auftreten können, sind von untergeordneter Bedeutung. Sie treten im Hausgarten selten so massiv auf, daß chemische Bekämpfungsmaßnahmen notwendig werden.

Zwei Pilze Verursacher der Clematis-Welke

Das Risiko mindern durch richtigen Standort, guten Boden, Feuchtigkeit und Nährstoffe

Echter Mehltau – Erysiphe aquilegiae

Auf Blättern, Trieben und Blüten zeigt sich ein weißlicher Belag, junge Blätter sind oft mißgestaltet. Mehltau tritt oft an Pflanzen auf, die zu trocken stehen. Eine Bekämpfung ist durch wiederholte Spritzungen mit Mehltaumitteln möglich. Der Echte Mehltau ist nicht auf *Clematis* spezialisiert.

Ascochyta-Blattfleckenkrankheit

Auf Blättern und Trieben finden sich braune bis dunkelbraune, unregelmäßige und verschieden große Flecken durch abgestorbenes Gewebe. Zur Bekämpfung werden befallene Pflanzenteile entfernt. Darüber hinaus kann man befallene Pflanzen mit einer 0,25%igen Benomyl-Lösung angießen.

Blasenfuß – Thrips-Arten

Auf Blättern und Trieben sind zahlreiche silbrige Sprenkelungen sichtbar, die schließlich zusammenfließen und die ganze Oberfläche bedecken. Bei starkem Befall kann mit Parathion-Präparaten in den vorgeschriebenen Konzentrationen gespritzt werden.

Gemeiner Ohrwurm – Forficula auricularia

Vor allem Blüten, aber auch Knospen, junge Blätter und Triebe werden ausgehöhlt oder abgefressen, die Fraßränder sind meist gezackt. Der Einsatz chemischer Mittel ist in der Regel nicht nötig.

Wurzelgallenälchen – Meloidogyne hapla

An den Pflanzen zeigt sich eine allgemeine Wuchshemmung, bei starkem Befall sterben die Pflanzen ab. Ursache sind Nematodenlarven, die die Zellen feiner Seitenwurzeln anstechen und dadurch die Bildung kleiner Gallen anregen. Die Wurzelfunktion wird gestört. Eine Bekämpfung ist durch Ausstreuen von Temik 5G, 10 g/m^2 im Wurzelbereich möglich; die Anwendung sollte allerdings nur durch Fachleute erfolgen. Das Granulat muß gleich nach dem Ausbringen, möglichst auf feuchten Boden, eingearbeitet werden.

Clematis 'Helios' ist eine sehr reich blühende, ziemlich schwach wachsende Hybride aus der *C. orientalis*-Gruppe. Beschreibung Seite 71

Vermehrung

Rechte Seite:
Clematis integrifolia 'Rosea' mit Floribunda-Rosen und Königskerze. Beschreibung Seite 51

Clematis-Liebhaber werden sich nicht damit zufriedengeben, nur solche Arten und Sorten zu kultivieren, die man in Baumschulen oder Gartencentern kaufen kann. Zu selteneren Arten und Sorten kommt man oft nur durch eine eigene Vermehrung. Alle natürlichen Arten lassen sich generativ, also durch Aussaat vermehren, Sorten und Hybriden müssen dagegen durch vegetative Vermehrungsmethoden wie Teilen, Ablegen, Steckholz, Stecklinge und Veredlungen, vermehrt werden.

Aussaat

Die Vermehrung durch Aussaat stellt die natürliche Vermehrungsart für alle Wildarten dar. Die meisten Arten setzen reichlich Samen an, die im Spätsommer und Herbst geerntet werden können, sobald die Samen braun geworden sind.

Die Samen werden bei Zimmertemperatur nachgetrocknet. Durch Reiben in der Hand können die fedrigen Schweife entfernt werden, aber auch ungereinigte Samen keimen zufriedenstellend. Nach einer trockenen Lagerung bei Zimmertemperatur wird im März–April ins Freiland, im kalten Kasten oder im Kalthaus ausgesät. Zur Aussaat eignet sich jede lockere und humose, möglichst keimfreie Erde. Die feinen Samen werden nur dünn bedeckt. Kleinere Mengen sät man am besten in Töpfen aus. Bald nach der Keimung können die aufgelaufenen Sämlinge so stark ausgedünnt werden, daß sich die restlichen ungehindert entfalten können. In einer Vegetationsperiode kommt man so zu mehrtriebigen, verpflanzfähigen Pflanzen. Sät man locker in Saatkistchen, kann man die Pflanzen auch ein Jahr lang stehen lassen, man topft die einjährigen Pflanzen dann im kommenden Frühjahr ein.

Clematis integrifolia steht schon Ende August in vollem Fruchtschmuck

Teilung

Durch Teilen des Wurzelstockes lassen sich staudige Arten wie *Clematis integrifolia* und *C. recta* vermehren. Die Mutterpflanze wird im Frühjahr ausgegraben und je nach Größe so in mehrere Stücke zerteilt, daß an jedem Teilstück Wurzeln und Knospen verbleiben.

Ablegen

Eine Vermehrung durch Ablegen läßt sich bei allen verholzenden Arten ohne große Schwierigkeiten durchführen. Man benötigt Mutterpflanzen, die in Basisnähe starke Jungtriebe entwickeln. Im August sind die jungen Triebe ausreichend verholzt, um abgelegt werden zu können. Vorjährige Zweige können schon im Frühjahr abgelegt werden.

Dazu werden sie in einem Bogen zur Erde geneigt und in einer Mulde durch Holz- oder Drahtklammern befestigt. Das Triebende ragt aus dem Boden heraus. Die Erdmulde wird mit lockerer, humoser Erde gefüllt. Genügend lange Zweige können mehrfach in Wellenform abgelegt werden. Weil sich getopfte *Clematis* leichter verpflanzen lassen als wurzel-

nackte Pflanzen, legt man die Triebe gern unmittelbar in Töpfe ab. Tontöpfe von etwa 12 cm Durchmesser werden dazu so in die Erde eingegraben, daß ihr Rand mit der Erdoberfläche abschließt. Eine Bewurzelung ist nur bei ausreichender Bodenfeuchtigkeit zu erwarten. Zur Förderung einer raschen Bewurzelung kann die Rinde an dem in die Erde gelegten Triebstück verwundet und mit einem Bewurzelungshormon (z.B. Wurzelfix) behandelt werden. Nach spätestens einem Jahr haben sich genügend Wurzeln gebildet. Die neue Pflanze kann von der Mutterpflanze abgetrennt und an einen neuen Standort gebracht werden.

Steckholz

Clematis montana und ihre Gartenformen können leicht durch Steckholz aus unbelaubten, vorjährigen Zweigen vermehrt werden. Man steckt im März–April im Haus unter Glas oder Folientunnel oder im Frühbeetkasten unter Doppelglas. Man verwendet dabei ein Torf-Sand-Gemisch wie bei der Stecklingsvermehrung. Das Steckholz muß besonders gut mit Licht und Wasser versorgt werden, die Wurzelbildung muß vor dem Austrieb erfolgen.

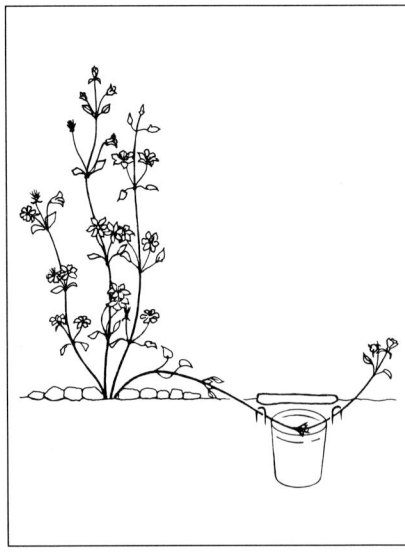

Vermehrung durch Ablegen: vorjährige Zweige werden im Frühjahr in den gewachsenen Boden oder in Töpfe abgelegt und im Herbst aufgenommen

Stecklinge

Als Steckling bezeichnen wir ein beblättertes Triebstück, das zur Bewurzelung gebracht werden soll. Der optimale Verholzungsgrad der Stecklinge ist abhängig von der Gehölzart, er kann sehr stark schwanken.

Aussaaten von *Clematis* lassen sich auch im Freiland durchführen. Eine Stecklingsvermehrung dagegen gelingt nur unter Glas in geschlossenen Räumen mit kontrollierbaren Klimabedingungen. Nur bei ausreichend hoher, konstanter Luftfeuchtigkeit überleben und bewurzeln sich von der Mutterpflanze abgelöste Triebe.

Bei *Clematis* werden Teilstücke aus dem mittleren Triebteil als Stecklinge verarbeitet, die Triebspitze ist in der Regel zu weich, der basale Triebteil schon zu stark verholzt. Weil Clematistriebe ungewöhnlich lange Internodien besitzen, wird nur ein kurzes Triebstück mit einem Augenpaar gesteckt. Der Trieb wird kurz über dem Blattpaar und etwa 3 cm darunter abgeschnitten. Eine zusätzliche Verwundung am basalen Ende durch einen tangentialen Schnitt und die Behandlung mit Bewurzelungshormonen fördern die Bewurzelung.

Gesteckt wird bis zum Blattansatz in einem üblichen Torf-Sand-Gemisch im Verhältnis 2:1. Die optimale Bodentemperatur liegt zwischen 15 und 20 °C. Die Stecklinge stehen am besten in Handkisten, die im Gewächshaus unter Doppelglas oder Folienabdeckung stehen. Sie werden täglich mehrmals gelüftet, weil Clematis-Stecklinge bei zuviel Feuchtigkeit schnell zu faulen beginnen. Zur Verhinderung von Pilzbefall wird bei Bedarf mit Fungiziden gespritzt.

Grundsätzlich lassen sich Stecklinge auch von Freilandpflanzen gewinnen, Stecklinge von angetriebenen Mutterpflanzen bewurzeln sich aber leichter. Mutterpflanzen werden im Herbst getopft, im Gewächshaus sehr hell aufgestellt und ab Ende Januar bei 14 bis 18 °C angetrieben. Die Vermehrung setzt dann im März ein, sobald die jungen Triebe eine Länge von etwa 1 m erreicht haben.

Vier bis fünf Wochen nach dem Stecken sind die Stecklinge ausreichend bewurzelt, sie können eingetopft werden. Frühe Stecklingssätze werden oft unter Glas weiterkultiviert, die Pflanzen sind bis zum Herbst fertig zum Verpflanzen. Späte Vermehrungssätze überwintern im Kalthaus.

Eine Stecklingsvermehrung ist im allgemeinen bei *Clematis*-Wildarten und deren Sorten üblich, während großblumige Hybriden meist veredelt werden. Aber auch sie lassen sich grundsätzlich durch Stecklinge vermehren, vor allem dann, wenn man Stecklinge von angetriebenen Mutterpflanzen gewinnt.

Veredlung

Zur Veredlung von *Clematis* wählt man in der Regel die Winterhandveredlung, bei der Edelreiser mit einem Blattpaar oder auch nur mit einem Auge durch seitliches Anplatten veredelt werden.

Als Unterlage dienen etwa 7 cm lange und mindestens 4 mm starke Wurzeln von *Clematis vitalba*. Die Unterlagen werden im Herbst gerodet und so eingeschlagen, daß sie im Winter jederzeit zur Verfügung stehen.

Die Edelreiser entstammen Mutterpflanzen, die ab Mitte Dezember im Haus angetrieben wurden und dann im Januar–Februar Veredlungsreiser liefern, die beim Veredeln weder zu hart noch zu weich sein dürfen. Die Veredlungen werden weitläufig verbunden, nicht mit Baumwachs verstrichen, in kleine Töpfe getopft und im Gewächshaus unter Glas in feuchten Torfmull eingeschlagen.

Hohe und gleichmäßige Bodenwärme (20 bis 22 °C), hohe Luftfeuchtigkeit und häufiges Lüften sind Voraussetzungen für ein befriedigendes Anwachsergebnis.

Neben der Winterhandveredlung ist eine Veredlung in gleicher Weise auch im Sommer möglich.

Als Veredlungsmethoden sind neben dem Anplatten auch das Spaltpfropfen bekannt und eine Methode, bei der ein Edelreis mit einem Augenpaar gespalten und auf die keilförmig zugeschnittene Unterlage gesetzt wird.

Wie bei allen Kulturen unter Glas müssen auch Stecklinge und Veredlungen von *Clematis* nach der Bewurzelung bzw. nach dem Anwachsen langsam abgehärtet und so für eine Überführung ins Freiland vorbereitet werden.

Unterlage:
Clematis vitalba

Winterhandveredlung in Töpfen unter Glas

Spaltpfropfen

Clematis-Wildarten und kleinblumige Hybriden

Waldreben sind in unseren Gärten überwiegend durch die sogenannten großblumigen Hybriden vertreten. Es handelt sich um Nachkommen aus zahlreichen Kreuzungen, die sich als reichblühende Sorten mit großen, auffallend gefärbten Blüten präsentieren.

Daneben gibt es aber eine Fülle natürlicher Arten, sowie ausgelesener Gartenformen dieser Arten und einige Hybriden, die nicht zu den großblumigen gerechnet werden.

Clematis-Wildarten werden schon seit Jahrhunderten in unseren Gärten kultiviert. Zu den attraktivsten Arten gehört die Italienische Waldrebe, *Clematis viticella*, die Mitte des 16. Jahrhunderts von Südeuropa in die mitteleuropäischen und englischen Gärten kam. Die meisten Wildarten blühen nicht so spektakulär und »protzig« wie die großblumigen Hybriden. Sie sind eher zurückhaltend und bescheiden, sie offenbaren ihre Reize erst bei näherer Betrachtung. Alle, selbst die meisten der ausgelesenen Sorten und Hybriden, haben sich noch ein Stück Natürlichkeit bewahrt. Sie sind außerdem in der Kultur wesentlich unproblematischer, stellen an Lage und Boden meist geringere Ansprüche und leiden vor allem nicht unter der bei großblumigen

Clematis viticella durchschlingt und überwächst gern größere Sträucher. Beschreibung Seite 68

Hybriden so gefürchteten Clematis-Welke. Alle hier behandelten Arten sind zu wertvoll, um in Vergessenheit geraten zu dürfen. Das haben auch viele Clematis-Spezialbetriebe, Staudengärtnereien und Baumschulen erkannt, die in zunehmendem Umfang Wildarten in ihr Angebot aufnehmen.

Die alphabetische Übersicht der behandelten Arten auf Seite 93 enthält neben den Seitenzahlen auch einen Überblick über Wuchshöhe, Blütenfarbe und Blütezeit.

Staudige und halbstrauchige Arten

Hier sollen einige natürliche Arten und deren Sorten vorgestellt werden, die als Stauden oder Halbsträucher wachsen und die, im Gegensatz zu den voll verholzenden Arten, nicht oder nur selten klettern.

Die Sprosse der beiden staudigen, in Mitteleuropa heimischen Arten – *Clematis integrifolia* und *C. recta* – sterben im Herbst vollständig ab und werden im Frühjahr aus dem Wurzelstock heraus erneuert. Die hier behandelten Halbsträucher – *C. heracleifolia, C. ranunculoides* und *C. stans* – stammen aus Ost-Asien. Ihre Sprosse verholzen nur teilweise, sie erreichen kaum größere Höhen als die staudigen Arten. Wie bei den staudigen Arten werden ihre Blüten an jungen, diesjährigen Trieben angelegt. Die Pflanzen werden deshalb am besten im Frühjahr bis auf die verholzende Stengelbasis zurückgeschnitten.

Bei den staudigen und halbstrauchigen Arten tragen sich die dünnen Triebe meist nicht selbst, sie legen sich bald um und werden dann nicht selten aufgebunden. Dabei verlieren die Pflanzen aber ihren arteigenen Charakter, der dem von Wildstauden ähnlich ist. Nichtkletternde Clematis eignen sich am besten zur Anpflanzung in größeren und kleineren Naturgärten, in Staudenrabatten, vor oder zwischen lockeren Laubgehölzen und in Steingärten, wo man ihre Triebe am besten über große Steine wachsen läßt. Sie sind anspruchslos, vertragen Sonne und Halbschatten und sind meist ausgesprochen langlebig.

Clematis addisonii Britt.
Addisons Waldrebe

Habitus: Bis 1 m hoch, mit anfangs aufgerichteten, später niederliegenden, kahlen, blaugrünen Trieben.
Blätter: Teils einfach, teils zusammengesetzt, die einfachen breit-eiförmig, fast sitzend, stumpf, die zusammengesetzten werden erst später gebildet, sie haben meist 4, seltener 6 eirundliche Blättchen.
Blüten: Einzeln, end- und achselständig, krugförmig, bis 2,5 cm lang, an langen Stielen nickend. Die 4 schmal-eiförmigen Blütenblätter sind dick und fleischig und an den Spitzen stark nach außen gebogen, so daß die cremeweiße Innenseite sichtbar wird, außen sind die Blüten von einem satten, rosigen Purpur. Mai–Juni.
Verbreitung: Südöstliche USA: North Carolina bis Georgia.
Allgemeines: *C. addisonii* blüht zwar nicht besonders reich, ist aber wüchsig und winterhart. Sie gedeiht am besten an warmen Plätzen auf durchlässigen Böden. Sie gehört, wie andere staudige Arten, ins Staudenbeet.

Clematis hirsutissima Pursh
Rauhhaarige Waldrebe

Habitus: 30–60 cm hohe Staude, ähnlich *C. integrifolia.* Triebe und Blattstiele sind kantig und gefurcht.
Blätter: Doppelt gefiedert, 8–13 cm lang, graugrün, die 5 bis 7 Blättchen sind in schmal-lanzettliche Teilblättchen gegliedert.
Blüten: Einzeln, endständig, über dem Laub stehend, nickend, Krone urnenförmig, etwa 2,5 cm lang und gleich breit.

Abbildungen:
Clematis integrifolia auch Seite 18, 44 und 45

Clematis hirsutissima

Die 4 dicklichen Blütenblätter laufen zur Öffnung hin stark zusammen und sind an den Spitzen zurückgeschlagen, so werden die cremeweißen Staubblätter sichtbar. Außen und innen sind die Blüten tief purpurrosa gefärbt, die Außenseite ist wollig behaart. Mai.

Verbreitung: Südwestliche USA.

Allgemeines: Die selten angebotene *C. hirsutissima* kommt an ihrem natürlichen Standort in offenen Kiefernwäldern, in Grasland und *Artemisia tridentata*-Gebüschen vor. Sie ist am besten in Staudenrabatten oder in größeren Steingärten untergebracht. Sie bevorzugt sonnige Standorte und gut entwässerte Böden. Die Sorte 'Rosea' unterscheidet sich durch die innen tieffrosa, außen blaß hellrosa gefärbten Blüten.

Clematis integrifolia L.
Ganzblättrige Waldrebe

Habitus: Ausdauernde, 50 bis 70 cm hohe Staude mit kräftigem, knotigen Wurzelstock. Triebe zunächst aufrecht, später oft umfallend, einfach oder mit kurzen Nebenzweigen, gerillt, dunkelbraun.

Blätter: Ungeteilt, derb, bis 9 cm lang, sitzend, eiförmig, zugespitzt, ganzrandig.

Blüten: Meist einzeln, endständig, langgestielt, nickend. Blütenblätter meist 4, seltener 3 oder 5, flach ausgebreitet, 4 bis 5 cm lang, kurz oder lang zugespitzt, Rand oft wellig und etwas eingerollt, purpurn bis dunkelblau, außen lila oder graufilzig. Staubblätter zahlreich, gelb und zottig behaart. Juni–August.

Verbreitung: Von Mittel- und Südosteu-

ropa bis Mittelrußland, Kleinasien und Altai. Zerstreut auf feuchten bis trockenen Halden und buschigen Abhängen.

Allgemeines: *C. integrifolia* ist eine hübsche, ziemlich anspruchslose Art für größere Steingärten. Sie bevorzugt frische, basenreiche Lehmböden und sonnige bis leicht beschattete Plätze. Nach der Blüte schmückt sie sich mit einer Fülle fedriger, silbrig glänzender Fruchtstände.

C. integrifolia ist eine sehr alte Gartenpflanze, die schon seit Jahrhunderten in Kultur und am Zustandekommen zahlreicher, heute hoch geschätzter, großblumiger Hybriden beteiligt ist. Sie ist der einzige europäische Vertreter ihrer Sektion (Viorna), ihre nächsten Verwandten hat sie in Nord-Amerika.

'Alba', Blüten weiß, in Nähe der Stiele mit blaßblauem Schimmer.

'Myogin', Blüten blau gerippt.

'Olgae', Blüten meist zu mehreren, relativ groß, mittelblau, gut duftend.

'Pastel Blue', Blüten ebenfalls zu mehreren, klar hellblau, zart duftend.

'Rosea', Blüten groß, einzeln stehend, leuchtend rosa, mit langen, gedrehten und schön gewellten Blütenblättern.

'Tapestry', Blüten malvenrot, zum Stiel hin dunkler, innen malvenrosa.

Clematis 'Blue Boy'

Habitus: Staudig oder halbstrauchig wachsende, bis 2 m hohe Hybride.
Blätter: Gefiedert (am Grund der Pflanze gelegentlich einfach oder dreizählig), Blättchen 5 bis 7, ganzrandig, dunkelgrün, Blattstiele an jungen Trieben purpurschwarz.

Clematis integrifolia kann auch an Stäben aufgebunden werden.

Blüten: Dunkel blauviolett, in der Knospe sehr dunkelviolett, Auf der Unterseite am Rand der 4 spitzen Blütenblätter heller, nickend, 5 bis 6(–8) cm lang, Juli–September.

Allgemeines: Die sterile Hybride *(C. integrifolia × C. viticella)* entstand 1947 bei F. L. Skinner, Dropmoore, Manitoba, Kanada. 1987 wurde sie in Europa bekannt. Die wüchsige, winterharte Hybride kann wie eine Staude behandelt und jährlich zurückgeschnitten werden. Sie kann in einer Vegetationszeit die angegebene Höhe erreichen, muß dafür aber natürlich angebunden werden.

Clematis ochroleuca Ait.
Gelblichweiße Waldrebe

Habitus: Staudig oder halbstrauchig wachsend, nur 50 cm hoch.
Blätter: Ungeteilt, eiförmig.
Blüten: Einzeln, endständig, aufrecht, glockig, 2 cm lang, die vier Blütenblätter sind innen weißlich, außen gelb und mitunter etwas gerötet. Mai–Juni.
Verbreitung: Östliches Nord-Amerika.
Allgemeines: *C. ochroleuca* ist mit der in Südost-Europa heimischen *C. integrifolia* nahe verwandt, sie kann ebenfalls in Steingärten und auf Steinbeeten verwendet werden. In ihrer Heimat wächst sie an trockenen Plätzen.

Abbildung
*Clematis ×
durandii*
Seite 6

Clematis × durandii Kuntze
(C. integrifolia × C. × jackmanii)

Habitus: Aufrecht, nicht kletternd, 1,2 bis 1,5 m hoch, halbstrauchig, dichter Wuchs.
Blätter: Einfach, 8 bis 12 cm lang, eiförmig, an der Basis keilförmig bis fast herzförmig, fast kahl, dunkelgrün und glänzend.
Blüten: Meist zu dritt, lang gestielt, 8 bis 12 cm breit, die 4 (–6) Blütenblätter breit gespreizt oder zurückgebogen, am Rand etwas gewellt, dunkel violettblau. Staubfäden behaart und mit zottiger Spitze. Juni–September(–Oktober).

Allgemeines: Die sehr schöne Hybride entstand um 1870 bei Frères in Lyon. Man pflanzt sie am besten freiwachsend wie Wildstauden oder an ein niedriges Spalier. Sie sollte angeheftet und formiert werden. An Welldrahtgittern klettert sie auch ohne Hilfe empor. Im Frühjahr schneidet man die Triebe bis zum Boden zurück. Ihre blühenden Triebe eignen sich sehr gut als Schnittblumen, sie halten sich in der Vase sehr lange.

Sehr hübsch ist auch die Sorte 'Pallida' mit helleren, rosa getönten Blüten. Beide stellen keine besonderen Standortansprüche. Früher wurde die Hybride nicht selten auch für die Treiberei verwendet.

Clematis × eriostemon Decne. 'Hendersonii'
(C. integrifolia × C. viticella)

Habitus: Halbstrauchige, gut mannshohe, nicht kletternde Hybride. Triebe dünn, im Winter bis zum Boden absterbend. In der Tracht ähnlich *C. viticella*.
Blätter: Unpaarig gefiedert, die 7 Blättchen elliptisch, ganzrandig, spitz, Endblättchen meist etwas gelappt.
Blüten: Einzeln auf 7 bis 10 cm langen Stielen, 5 bis 6 cm breit, Blütenblätter flach ausgebreitet, tief purpurblau, leicht duftend, reichblühend. Juli–September.
Allgemeines: 'Hendersonii' entstand um 1830 bei Henderson, St. John's Wood, England. Sie gilt dort immer noch als eine der schönsten Gartenformen der Gattung. An Stäben aufgebunden, entfaltet sie ihre volle Schönheit. Sie wird am besten in Staudenrabatten untergebracht und wie andere halbstrauchige Arten im Frühjahr bis auf die verholzende Stengelbasis zurückgeschnitten. Der Typ dieser Hybride, die um 1830 bei einem unbekannten Züchter in Frankreich entstand, wird nur noch selten kultiviert. Das gilt auch für die beiden Formen 'Bergeronii' und 'Intermedia'.

Das Erbgut von 'Hendersonii' ist in eine unserer wichtigsten *Clematis*-Hybriden, *C. × jackmanii*, eingeflossen.

Clematis × aromatica
Lenné et Koch
(C. flammula × C. integrifolia)

Habitus: Aufrechter, nicht kletternder, 1,2 bis 2 m hoher Halbstrauch.

Blätter: Einfach oder dreilappig bis gefiedert, Blättchen 2,5 bis 3 cm lang, eiförmig bis breit-eiförmig, ganzrandig, kahl.

Blüten: Etwa 4 cm breit, langgestielt in lockeren, endständigen Blütenständen, dunkelviolett, duftend, die vier Blütenblätter weit gespreizt. Die weißen oder gelben Staubfäden sind an der Spitze behaart. Juli–Herbst.

Allgemeines: Eine sehr schöne, harte, Pflanze mit langer Blütezeit für das Staudenbeet. Sie schmückt sich neben den Blüten auch mit seidenhaarigen Fruchtständen. Wie bei allen halbstrauchigen *Clematis*-Arten sollte man jährlich stark zurückschneiden.

Clematis heracleifolia DC.
Großblättrige Waldrebe

Habitus: Bis 1 m hoher, buschiger Halbstrauch, Triebe steif aufrecht, etwas behaart.

Blätter: Dreizählig, sehr groß, Blättchen breit-eiförmig, Endblättchen 15 cm lang und 10 cm breit, die anderen etwas kleiner, Basis breit keilförmig, ungleich grob gesägt, oft leicht gelappt, schwach behaart.

Blüten: Zweihäusig, in vielblütigen Büscheln über den Blättern. Einzelblüte 2 bis 2,5 cm lang, die Blütenblätter röhrig und an der Spitze zurückgekrümmt, dadurch hyazinthenähnlich, blaßblau, außen behaart. August–September.

Verbreitung: Heimisch in Ost-China. 1837 bei uns eingeführt.

Allgemeines: *C. heracleifolia* ist eine robuste Art vom Charakter eines kleinen Blütenstrauches und kann auch so verwendet werden. Sie kommt an allen möglichen Gartenplätzen fort, verträgt auch schattige Standorte, blüht dann

aber weniger stark. Ihre Triebe werden im Frühjahr bis auf die verholzende Stengelbasis zurückgeschnitten.

Von *C. heracleifolia* gibt es zwei geographische Varietäten:

C. heracleifolia var. *davidiana* (Decne. ex Verlot) Hemsl. stammt aus Mittel- und Nord-China und wächst etwas stärker als die Art. Ihre indigoblauen, duftenden Blüten sind nur am Grunde röhrig, an der Spitze sind die Blütenblätter abgespreizt, nicht zurückgerollt wie beim Typ. Mit ihrer intensiven Blütenfarbe ist sie schöner als die Art. Sie wird in der Regel als vegetativ vermehrte Form angeboten. Hierher gehört auch die Sorte 'Gentianoides'.

C. heracleifolia var. *ichangensis* Rehd. et Wils. ist in Mittel- und Nord-China heimisch. Die Blättchen sind am Grunde abgerundet und beiderseits, besonders unten, behaart. Die Blüten sind außen silbrig behaart, innen dunkelblau.

Aus einer Kreuzung zwischen *C. heracleifolia* var. *davidiana* und *C. stans* ist *C. × bonstedtii* Wehrh. hervorgegangen. Aus der um 1900 in Frankreich entstandenen Hybride wurde die Sorte 'Crépuscule' ausgelesen. Sie wächst aufrecht, wird 80 cm hoch und blüht im August–September hellblau. 'Crépuscule' zeichnet sich durch eine reiche Blüte und große Robustheit aus. Sie gedeiht an sonnigen und absonnigen Plätzen und erträgt Tropfenfall von Bäumen und Sträuchern.

Abbildung
Clematis heracleifolia
Seite 25

Clematis × jouiniana Schneid.
(C. heracleifolia × C. vitalba)

Habitus: 3 bis 5 m hohe, halbstrauchige Kletterpflanze. Triebe stark gerippt und schwach behaart.

Blätter: Gefiedert. Blättchen 3 bis 5, eiförmig, 5 bis 10 cm lang, grob gesägt, schwach behaart.

Blüten: In großen, end- und achselständigen Rispen an diesjährigen Trieben, 3 cm breit, nicht ganz sternförmig geöffnet, die Spitzen etwas zurückgeschlagen,

Clematis
× *jouiniana*
'Praecox', eine der
besten Formen für
bodendeckende
Pflanzungen (links),
und 'Mrs. R.
Brydon' (rechts)

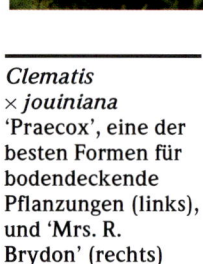

Rechte Seite:
Clematis recta, ein
besonders schönes,
reich blühendes
Exemplar an einem
Gehölzrand

zuerst weißlich, dann mehr lavendelblau, leicht duftend. August–Oktober.

Allgemeines: *C.* × *jouiniana* ist eine
sehr reich und über einen langen Zeitraum blühende, durchaus gartenwürdige
Hybride, die leider etwas in Vergessenheit geraten ist. Ihr Klettervermögen ist
begrenzt, man sollte sie deshalb so pflanzen, daß ihre Triebe dem Boden aufliegen
oder über robuste Sträucher und Baumstümpfe wachsen können. Am Gehölzrand sind *C.* × *jouiniana* und ihre starkwachsende Sorte 'Praecox' zuverlässige
Bodendecker. Sie werden am besten wie
Stauden behandelt und jährlich stark zurückgeschnitten.

C. × *jouiniana* entstand vor 1900 in
der Baumschule von Simon Louis in Plan-
tières bei Metz. Es handelt sich um eine
Kreuzung zwischen zwei Arten aus verschiedenen Sektionen, was nicht gerade
häufig vorkommt.

Zu *C.* × *jouiniana* gehören auch die
folgenden Sorten, die vermutlich ebenfalls bei Simon Louis entstanden sind:

'Campanile', etwa 75 cm hoch, Blüten
bis 2,5 cm lang, sehr zahlreich, gut duftend, die Blüten bis zur Hälfte röhrig.

'Cote d'Azur', Wuchs höher und lockerer als bei 'Campanile', Blüten mit noch
tieferem Blau, Blätter etwas glänzend.

'Oiseau Bleu', Wuchs hoch und locker,
ähnlich 'Cote d'Azur', Blätter aber viel
kleiner, Blüten lilarosa.

'Praecox', sehr starkwachsend, Blüten
hyazinthenartig, hellblau, blüht von An-
fang August bis Oktober.

'Mrs. Robert Brydon' ist 1935 in Amerika entstanden. Eine sehr reichblühende
Sorte mit dreizähligen Blättern und blaßlila Blüten im August–September. Sie
wird 0,5 bis 2 m hoch, ist besonders
starkwüchsig, wächst meist auf dem Boden lagernd und erreicht dabei Durchmesser von etwa 3 m. Sehr schön ist sie
auch an Spalieren.

Clematis acutangula
Hook. f. et Thom.
Chinesische Waldrebe

Habitus: Bis 50 cm hohe, aufrechte
Staude oder bis 2 m hoch kletternd.
Triebe purpurrot, behaart, gestreift und
kantig.

Rechte Seite:
*Clematis
aethusifolia* eine
dekorative,
schwachwüchsige
Art.
Beschreibung
Seite 59

Abbildung
Clematis stans
Seite 15

Blätter: Sehr veränderlich, dreizählig oder mit 5 Blättchen gefiedert, aber auch einfach und dreilappig. Blättchen (oder Blatt) rundlich-eiförmig oder verkehrt-ei-förmig, 3 bis 5 cm lang, grob gezähnt.

Blüten: Einzeln oder zu wenigen zusammen, achsel- oder endständig, etwa 3 cm breit, Blütenblätter 1,5 cm lang, zu viert, purpurn bis rosa, gespreizt und zurückgeschlagen, behaart. In der Heimat Blüte von Mai bis September, im Botanischen Garten Edinburgh, Schottland, erst im November.

Verbreitung: Heimisch in China. 1906 durch R. Fortune nach Großbritannien eingeführt.

Allgemeines: Im Garten ist *Clematis acutangula* wie alle staudigen Arten zu behandeln, wird also jährlich bis zum Boden zurückgeschnitten. Interessant ist sie wegen der späten Blüte, sie wird derzeit aber wohl nirgendwo angeboten.

Clematis stans Sieb. et Zucc.
Japanische Waldrebe

Habitus: Halbstrauchig wachsend, bis 1,8 m hoch. Triebe grauweiß behaart.

Blätter: Dreizählig, Blättchen breit-eiförmig, an der Basis keilförmig, gelappt, sowie grob und scharf gesägt.

Blüten: In endständigen, 10 bis 25 cm langen Rispen, Einzelblüten 1 bis 2 cm lang, an der Basis röhrenförmig, Blütenblätter an der Spitze umgebogen, voll erblüht spiralig aufgerollt, außen weiß und filzig, innen mehr oder weniger blau. August–September. Die Geschlechtsverteilung ist nicht einheitlich, es kommen ein- und zweihäusige Pflanzen vor.

Verbreitung: Heimisch in Japan, an sonnigen Waldsäumen, an Hängen und Mauern. Um 1860 durch von Siebold nach Frankreich eingeführt.

Allgemeines: *C. stans* ist insgesamt der *C. heracleifolia* recht ähnlich, sie unterscheidet sich durch weniger straff aufrechten Wuchs und durch kleinere Blüten, die ebenfalls hyazinthenartig ge-

formt sind. Im Garten wird *C. stans* am besten wie eine Staude behandelt, also jährlich bis zum Boden zurückgeschnitten.

'Lavalei' ist eine starkwachsende, einhäusige Sorte mit fast 30 cm langen Blütenrispen.

Clematis recta L.
Aufrechte Waldrebe

Habitus: Ausdauernde, 1 bis 1,5 m hohe, vieltriebige Staude mit knotigem Wurzelstock. Triebe aufrecht, nicht kletternd, krautig, nur selten verholzend, gestreift.

Blätter: Unpaarig gefiedert, bis 15 cm lang, blaugrün. Blättchen 5 bis 7, gestielt, eiförmig, ganzrandig, 3 bis 5 cm lang.

Blüten: Sehr zahlreich in großen, aufrechten, endständigen Rispen. Schwach duftend, etwa 3 cm breit, Blütenblätter zu viert, bis 1,5 cm lang, schmal-eiförmig, milchweiß. Staubblätter gelb, zahlreich, fast so lang wie die Blütenblätter. Juni–Juli.

Verbreitung: Süd- und Mitteleuropa, nördlich gemäßigtes Asien. Bevorzugt warme Standorte und kalkreiche Lehmböden in Gebüschen, Hecken, lichten Auen und an Felsen.

Allgemeines: *C. recta* wird an sonnigen bis halbschattigen Plätzen am besten wie *C. integrifolia* verwendet. Sie eignet sich gut für Gruppenpflanzungen und für den Lebensbereich Gehölzrand. Die Pflanzen stehen in Kultur nicht selbständig aufrecht, sie können an Stäben aufgebunden oder durch Drahthosen gestützt werden, in weiträumigen Pflanzungen kann man die Pflanzen aber auch sich selbst überlassen. *C. recta* besitzt ein eminent langes Leben, über Jahrzehnte hinweg kann sie Jahr für Jahr unermüdlich blühen.

Auch von *C. recta* sind einige Sorten bekannt; sie sind für die Gartenkultur oft wertvoller als die natürliche Art.

'Grandiflora', Blüten größer und zahlreicher.

'Plena', Blüten gefüllt.

'Purpurea', Triebe und Blätter bronzerot bis trüb grünrot, Blüten weiß, duftend.

Clematis fruticosa Turcz.
Strauchige Waldrebe

Habitus: Vieltriebiger, bis 50 cm hoher Halbstrauch mit braunen Trieben.
Blätter: Einfach, lanzettlich, ganzrandig oder eingeschnitten gezähnt, dunkelgrün und kahl.
Blüten: Zu 1 bis 4 beisammen, 2 cm breit, gelb, Blütenblätter zu viert, gespreizt. August.
Verbreitung: Zentral-Asien bis zur Mongolei und den westlichen Teil der chinesischen Provinz Sichuan.
Allgemeines: Harte und hübsche Pflanze, die nahe mit der europäischen *C. recta* verwandt ist, im Gegensatz zu dieser aber gelbe Blüten hat und später blüht. Sie kann in gleicher Weise verwendet werden. *C. fruticosa* wächst in ihrer Heimat an trockenen Plätzen bis in Höhen von 3000 m.

Clematis songarica Bunge
Dsungarische Waldrebe

Habitus: Aufrechter, bis 1,5 m hoher, kaum kletternder Strauch, in Kultur oft halbstrauchig und niederliegend. Triebe dünn, gefurcht, kahl.
Blätter: Einfach, lanzettlich bis linealisch, 3 bis 8 cm lang, ganzrandig bis grob gezähnt, blaugrün, kahl, mit 3 ausgeprägten Nerven.
Blüten: Gelblich, nickend, 2 bis 2,5 cm breit, in 8 bis 15 cm langen, achsel- und endständigen, rispenartigen Ständen. Blütenblätter außen behaart, innen kahl. August–September.
Verbreitung: Heimisch in Süd-Sibirien, Turkestan, der Mongolei und Korea. Kam 1880 durch R. Regel über St. Petersburg nach Großbritannien.
Allgemeines: Die winterharte Pflanze erinnert mit ihrem graugrünen Aussehen und den gelben Blüten an *C. orientalis*.

Sie klettert aber nicht, und ihre Blätter sind ungefiedert.

Schwachwachsende Klettersträucher

Die wichtigste Art, die hier zu nennen ist, ist die Alpenwaldrebe, *Clematis alpina*, die einzige Liane der ganzen Alpenkette. Ihre Blüten unterscheiden sich von den Blüten anderer Arten ganz beträchtlich. Sie besitzen spatelförmige Honigblätter, als Staminodien bezeichnet, die den meisten anderen Arten fehlen. Sie stehen zwischen Blütenblättern und Staubgefäßen und lassen die Blüten voller erscheinen. Die Alpenwaldrebe hat damit ausgesprochene Honigblumen, während andere *Clematis*-Arten den Bienen nur Pollen anbieten können. Ihrer Staminodien wegen hat man *C. alpina* früher einer eigenen Gattung *(Atragene)* zugeordnet.

Die meisten anderen Arten unter diesen schwachwachsenden *Clematis* sind eng mit *C. alpina* verwandt, sie gehören der gleichen Sektion (Atragene) an und sind voll verholzende Arten. Die restlichen Arten (Sektion Viorna) sind mit *C. heracleifolia* und *C. integrifolia* verwandt und wachsen halbstrauchig.

Die Arten der Sektion Atragene blühen an Kurztrieben älterer Zweige, sie dürfen also nicht zurückgeschnitten werden. Wenn ein Rückschnitt notwendig wird, etwa um die Ausdehnung der Pflanzen in Grenzen zu halten, schneidet man unmittelbar nach der Blüte. Die halbstrauchigen Arten entwickeln ihre Blüten erst an den jungen, diesjährigen Trieben. Sie werden, wie die nicht kletternden Arten der vorigen Gruppe, am besten im Frühjahr bis zum Boden zurückgeschnitten.

Alle Arten dieser Gruppe wachsen ziemlich schwach, vor allem in den ersten Jahren nach der Pflanzung. Die verholzenden Arten erreichen erst nach einigen Jahren ihre Maximalhöhe. Sie eig-

nen sich deshalb nicht zur Bekleidung von Pergolen oder Lauben, höchstens zur Berankung von Zäunen, Treppenwangen und Mauern. Die verholzenden Arten sind dort besonders gut untergebracht, wo sie robuste Sträucher durchschlingen und teilweise überwachsen können.

Clematis aethusifolia Turcz.
Aethusablättrige Waldrebe

Habitus: Dünntriebiger, bis 2 m hoch kletternder Strauch.
Blätter: Einfach oder doppelt gefiedert, bis 20 cm lang, Blättchen 5 bis 9, 5 bis 15 mm lang, tief eingeschnitten, mit mehr oder weniger länglichen, spitzen bis stumpflichen Lappen.
Blüten: Zu 1 bis 3 auf dünnen, achselständigen Stielen, die oberhalb der Mitte ein laubblattähnliches Hochblatt tragen.

Krone nickend, glockig, 12 mm lang, blaßgelb, die 4 Blütenblätter schmallänglich, an der Spitze nicht oder nur wenig zurückgeschlagen, Staubgefäße cremeweiß. August–September. Auffällig die rot gefärbten Nußfrüchte mit den langen, weißwollig besetzten Griffeln.
Verbreitung: Nord-China, Mandschurei, seit 1875 in Kultur.
Allgemeines: Mit dem eigenartigen Blattschnitt eine sehr dekorative, schwachwüchsige Art, die nur von wenigen Spezial-Baumschulen angeboten wird.

Clematis alpina (L.) Mill.
Alpen-Waldrebe

Habitus: Zierlich, 2 bis 3 m hoch kletternd. Triebe braunrot bis dunkelbraun, wenig gerillt (sechskantig), locker be-

Clematis alpina subsp. *sibirica*, eine von N-Norwegen bis Sibirien verbreitete Form der Alpen-Waldrebe. Beschreibung folgende Seite

Abbildung *Clematis alpina* Seite 14 und 27

haart, Rinde löst sich in Längsstreifen ab.

Blätter: Lang gestielt, unpaarig gefiedert, 10 bis 12 cm lang. Blattspreite doppelt dreiteilig, Blättchen kurz gestielt oder sitzend, schmal-eiförmig bis lanzettlich, tief gesägt, oberseits dunkelgrün, unterseits heller, beiderseits behaart. Die untersten Blattstielteile fallen im Herbst nicht ab, sie verholzen.

Blüten: Einzeln in den Achseln von Kurztriebblättern, an 10 cm langen Stielen, nickend. Blütenblätter blau in verschiedenen Schattierungen, 3 bis 4 cm lang, schmal, weit gespreizt, aber sich nicht flach öffnend, außen schwach behaart. Staminodien zu 10 bis 12, schmal oder breit spatelförmig, halb so lang wie die Blütenblätter. Mai–Juni.

Verbreitung: Von den Alpen bis zum Apennin und den Karpaten, in Höhenlagen zwischen 300 und 2400 m, meist in kraut- und strauchreichen, halbschattigen Nadelwäldern, in vollsonnigen Alpenrosen-Legföhrengebüschen und in strauchreichen Hochstaudenfluren, auf steinigen und felsigen, wasserdurchlässigen Böden.

Die Alpenwaldrebe ist in Nord-Skandinavien und Ost-Asien mit zwei Unterarten vertreten, die gelegentlich auch als selbstständige Arten eingestuft werden.

C. alpina subsp. *sibirica* (L.) Schneid. Die Sibirische Alpen-Waldrebe kommt von Nordnorwegen bis Ostsibirien vor. Ihre Blüten sind meist weiß, selten schwach blau getönt. Die vier Blütenblätter sind elliptisch-lanzettlich und lang zugespitzt. Die Staubblätter sind hell cremeweiß gefärbt. Die Blätter sind grober und unregelmäßiger gesägt als bei *C. alpina*.

C. alpina subsp. *ochotensis* (Pall.) Wats. Die Japanische Alpen-Waldrebe hat ihre natürliche Verbreitung in alpinen Lagen der japanischen Inseln Hokkaido und Honshu, außerdem auf den Kurilen, in Sachalin, Mandschurei, Korea, Ostsibirien und Kamtschatka. Der schwach kletternde, an der Basis verholzende Halbstrauch hat gewöhnlich doppelt dreizählige Blätter mit 2,5–8 cm langen, breit-

lanzettlichen bis eiförmig-rundlichen, teilweise zwei- bis dreiteiligen Blättchen. Die einzeln an den Zweigenden stehenden, nickenden Blüten sind glockenförmig, 2,5–3 cm lang und meist purpurn gefärbt. Sie öffnen sich im Juni–August. Die vier Blütenblätter sind breitlanzettlich bis schmal-eiförmig. Die Staubblätter sind gelb gefärbt. Die kleinen Früchte tragen bis zu 3 cm lange, fedrig behaarte Griffel.

In den Alpen wächst *C. alpina* in vollsonnigen Alpenrosen- und Legföhrengebüschen, in kraut- und strauchreichen, halbschattigen Nadelwäldern und in strauchreichen Hochstaudenfluren, in Höhen zwischen 300 und 2400 m. Sie bevorzugt steinigfelsige, wasserdurchlässige, basenreiche Kalkböden, wächst aber auch auf entkalkten oder sauren Humusböden.

Allgemeines: Mit ihrer Fülle blauer Blüten ist *C. alpina* eine der schönsten Arten für den Steingarten. Sie ist absolut frosthart, wächst in den ersten Jahren nach der Pflanzung aber nur zögernd. In Kultur bevorzugt sie eher kühle Lagen, sie gedeiht auch an schattigen Plätzen gut. Im Tiefland sind vollsonnige Standorte ungeeignet.

Mit Hilfe ihrer stielartigen Blattabschnitte und der verholzenden Blattranken ist sie in der Lage, kleinere Laubgehölze und locker aufgebaute Nadelgehölze zu durchschlingen und zu überranken. Zur Bekleidung von Mauern, Pergolen und Lauben ist die Alpenwaldrebe nicht geeignet.

Von *Clematis alpina* werden einige Sorten angeboten, sie blühen im Mai–Juni und werden 2 bis 3 m hoch.

'Burford White', Blüten reinweiß, 4 cm lang, Blätter hellgrün.

'Columbine', Blüten zart lavendelblau, 4–5 cm lang, Blütenblätter lang und spitz.

'Frances Rivis', Blüten 5–6 cm lang, hellblau, größte Blüten der *C. alpina*-Sorten.

'Helsingborg', Blüten tiefblau bis purpurn, 5 cm lang, reichblühend.

'Jacqueline du Pré', Blüten bis 6 cm lang, außen malvenrosa, innen hell puderrosa, an den Rändern ein schmaler, silbriger Streifen.

'Pamela Jackman', Blüten tiefblau, 4 cm lang.

'Rosy Pagode', Blüten schön pinkfarben, 4 cm lang.

'Ruby', Blüten purpurrosa, 4–5 cm lang, sehr wüchsig und den Sommer durch blühend.

'White Columbine', Blüten weiß, 4–5 cm lang, Blütenblätter spitz zulaufend, reichblühend.

'White Moon', Blüten reinweiß, gefüllt, spätblühend.

'Willy', Blüten weiß, 4–5 cm lang, reichblühend, auch im Sommer einige Blüten.

Mit *C. occidentalis* und *C. columbiana* kommen nahe verwandte Arten auch auf dem amerikanischen Kontinent vor.

Clematis macropetala Ledeb.
Großblütige Alpen-Waldrebe

Habitus: Verholzende Kletterpflanze, 1 bis 2 m hoch. Triebe kantig, in der Jugend behaart.

Blätter: Meist doppelt dreizählig, die 9 Blättchen eiförmig bis lanzettlich, 2 bis 3,5 cm lang, eingeschnitten gesägt oder gelappt, unterseits kahl.

Blüten: Einzeln, nickend, bis 10 cm breit, breitglockig, Blütenblätter zu viert, blau oder blauviolett. Staminodien sehr zahlreich, in mehreren Reihen zugespitzt, fast so lang wie die Blütenblätter, aber deutlich heller. Mai–Juni.

Verbreitung: Nord-China, Mandschurei und Sibirien. Obwohl schon 1742 durch d'Incarville in den Bergen nördlich von Peking entdeckt, erst 1912 durch W. Purdom nach Europa eingeführt.

Allgemeines: *C. macropetala* ist eng mit *C. alpina* verwandt. Sie gilt mit ihren wie gefüllt wirkenden Blüten und dem etwas bronzefarbenen Laub als eine der schönsten Arten für den Steingarten. Sie blüht sehr reich, ist frosthart, wenig anspruchsvoll und für alle Lagen und

Links: *Clematis macropetala* 'Markhams Pink' mit stark gefüllten Blüten.
Beschreibung Seite 62
Rechts: *Clematis macropetala* 'Pearl Rose'.

Zwecke zu verwenden, ihrer Wuchshöhe entsprechend auch zur Berankung von Zäunen und niedrigen Mauern.

Neben der Art sind auch einige Sorten von gärtnerischer Bedeutung, Auslesen aus *C. macropetala* oder Hybriden mit der nahe verwandten *C. alpina*. Sie blühen im Mai–Juni werden 2–3 m hoch, und bilden attraktive Fruchtstände aus.

'Alborosea', Blüten blaßrot, 8–10 cm breit, lange blühend.

'Ballet Skirt', Blüten 7–10 cm breit, blaßrot, besonders schön blühend.

'Blue Bird', Blüten dunkelblau, 15–24 cm breit, sehr lange blühend.

'Floralia', Blüten hellblau, 4 cm breit, sehr schöne Blütenfarbe.

'Jan Lindmark', Blüten malvenpurpurn, 5–8 cm breit, blüht als erste Sorte.

'Lagoon', Blüten tiefblau, 7–8 cm breit.

'Maidwell Hall', Blüten wisteriablau, 7–10 cm breit, nickend.

'Markham's Pink', Blüten purpurrosa mit schwachem lila Saum, 5–8 cm breit, Staminodien grünlichweiß, gilt als eine der schönsten Sorten.

'Pearl Rose', Blüten hell- bis malvenrosa, die äußeren Tepalen ausgebreitet bis zurückgeschlagen, 5–6 cm breit, sehr reichblühend.

'Rosy O'Grady', Blüten malvenfarben bis blaßrosa, 10–12 cm breit, sehr lange blühend.

'Snowbird', die Blütenblätter und die ersten 15 Staminodien sind reinweiß, die inneren Reihen kleinerer Staminodien grünlichweiß, etwas schwächer wachsend als andere Sorten.

'White Moth', Blüten weiß, 4–6 cm breit, spätblühend.

'White Swan', Blüten weiß, bis 12 cm breit, spätblühend.

Clematis columbiana
(Nutt.) Torr. et A. Gray
Amerikanische Alpen-Waldrebe

Habitus: Schwach kletternder Strauch.
Blätter: Doppelt dreizählig, Blättchen lanzettlich bis eiförmig-lanzettlich, 2–4 cm lang, vorn zugespitzt, tief eingeschnitten gesägt oder zwei- bis dreilappig.
Blüten: Ähnlich denen von *C. alpina*, aber mit weniger zahlreichen Staminodien, die an ihrer Spitze rudimentäre Staubbeutel tragen. Die vier, 3–5 cm langen Blütenblätter sind lanzettlich und purpurn oder blau, selten weiß befärbt. Blüten am alten Holz. April–Juni.
Verbreitung: Heimisch im südlichen Nordamerika, 1916 bei uns eingeführt.
Allgemeines: Das amerikanische Pendant zu *C. alpina* ist bei uns ausreichend hart, wird aber nur von Liebhabern und Sammlern kultiviert. Die Art trug früher den Namen *C. pseudoalpina*.

Clematis koreana Komar.
Koreanische Waldrebe

Habitus: Meist dem Boden aufliegend und nicht kletternd.
Blätter: Blättchen zu dritt, 4–8 cm lang, eiförmig, zugespitzt, an der Basis leicht herzförmig, grob gezähnt, oft dreilappig oder dreiteilig.
Blüten: Einzeln, glockig und nickend, 2,5–3,5 cm breit, weißlich bis stumpfviolett. Staminodien spatelförmig und 2 cm lang. Mai bis August.
Verbreitung: Korea.
Allgemeines: *C. koreana* gehört zu den wenigen Arten, deren Blüten Staminodien besitzen. Sie ist bei uns meist nur in der gelbblühenden f. *lutea* Rehd. vertreten. Pflanzen, die aus Samenlieferungen Botanischer Gärten unter der Bezeichnung *C. koreana* gezogen wurden, blühen fast immer gelb. *C. koreana* f. *lutea* blüht im Juli–August, ihre Blüten duften, die Pflanzen klettern schwach.

Mit *Clematis koreana* nahe verwandt ist *Clematis* 'Brunette'. Ihre glockigen, nickenden Blüten haben vier dickliche Petalen, die eigenartig dunkel purpurrot gefärbt sind. Sie öffnen sich im April–Mai. 'Brunette' klettert bis 3 m hoch, soll ausgezeichnete Winterhärte besitzen.

Clematis 'Paul Farges' wird gelegentlich unter dem Namen *Clematis* × *fargesioides* 'Sommerschnee' angeboten. Beschreibung Seite 80

Clematis occidentalis
(Hornem.) DC.
Abendländische Waldrebe

Habitus: Bis 2 m hoch kletternd. Junge Triebe kahl und leicht gefurcht. Im Alter an den Knoten stark verdickt.
Blätter: Dreizählig, Blattstiel 7 bis 10 cm lang, Blättchen 5 bis 7 cm lang, eiförmig, ganzrandig oder grob gesägt, an der Basis herzförmig.
Blüten: Einzeln auf 8 cm langen Stielen, nickend, 5 bis 8 cm breit, die 4 Blütenblätter dünn, lanzettlich, blau oder purpurn, Saum und Nerven behaart. Staminodien schmal und spatelförmig. Blüten am alten Holz. Mai–Juni.
Verbreitung: Heimisch im östlichen Nord-Amerika. 1797 in Europa eingeführt.
Allgemeines: *C. occidentalis* ist bei uns ausreichend hart, aber nur selten in Kultur. Sie soll auch in ihrer Heimat recht selten sein. In Habitus und Blüte erinnert sie an *C. alpina*, auch ihre Blüten be-
sitzen Staminodien. Deutlich unterscheidet sie sich durch die nur dreiteiligen, weniger tief eingeschnittenen Blätter.

Clematis texensis Buckl.
Texas-Waldrebe

Habitus: Bis 2 m hoch kletternd, halbstrauchig oder nur staudig, Triebe braunrot, fast ganz kahl.
Blätter: Gefiedert, Blättchen zu 4 bis 8, lang gestielt, derb, bläulichgrün, breiteiförmig, 3 bis 8 cm lang, stumpf, manchmal gelappt, Basis leicht herzförmig. Endblättchen gewöhnlich in eine Ranke umgewandelt.
Blüten: Einzeln auf 15 bis 18 cm langen Stielen, nickend, krugförmig, oben verschmälert, 2 bis 3 cm lang, karmin oder scharlachrot. Juli–September.
Verbreitung: Heimisch in Texas. 1850 entdeckt und 1868 eingeführt.
Allgemeines: Mit ihren roten Blüten, die ununterbrochen von Juli bis zum

Rechts:
Clematis
× pseudococcinea
'Etoile Rose', eine
Hybride mit
Clematis texensis.
Links:
Clematis texensis

Abbildung
'Pagoda' Seite 66

Herbst angelegt werden, ist *C. texensis* eine besonders schöne, aber nicht ganz unproblematische Art. In unseren Breiten frieren die Triebe in der Regel bis zum Boden zurück. Sie benötigt im Garten einen warmen und sonnigen Platz und in strengen Wintern Schutz durch eine Laubdecke.

C. texensis ist in England mit großblumigen Arten und Sorten gekreuzt worden. Die Hybriden werden oft unter dem Namen **C. × pseudococcinea** Schneid. *(C. × jackmanii × C. texensis)* geführt. Alle haben noch ein wenig vom Charakter der Texas-Waldrebe, ihre Triebe verholzen aber stärker. Sie werden gut mannshoch und haben größere Blüten als *C. texensis*, die sich außerdem weiter öffnen. Ihre Blütezeit dauert von Juli bis Oktober. Mit 'Major' (Blüten 2 bis 3 cm lang, außen scharlachrot, innen weiß bis gelblich, Blütenblätter sehr dick) und 'Parviflora' (Blütenblätter bis 2 cm lang, weniger dick, beiderseits scharlachrot) kommen zwei Auslesen von *C. texensis* hinzu.

Alle werden an sonnigen und warmen Plätzen am besten so gepflanzt, daß sie robuste Sträucher überschlingen können. Die relativ schwache Entwicklung der Texas-Waldreben schadet den Sträuchern nicht.

Sorten von *Clematis × pseudococcinea*. Die mehr oder weniger krug- oder tulpenförmigen Blüten stehen aufrecht oder nickend.

'Gravetye Beauty', Blüten rot, 5 cm lang, aufrecht, stärker geöffnet als bei anderen Sorten. Wunderschöne Sorte.

'Duchess of Albany', Blüten glockenförmig, rosarot mit hellem Randstreifen.

'Duchess of York', Blüten rosa, mit dunklerem Mittelband auf der Rückseite.

'Etoile Rose', Blüten offen glockenförmig, kirschrosa mit silbernem Rand.

'Grace Darling', Blüten zart karminrosa, sehr reichblühend.

'Major', Blüten 2 bis 3 cm lang, Blütenblätter sehr dick, außen scharlachrot, innen weiß bis gelblich.

'Pagoda', Blüten rosa, bis 8 cm breit, glockenförmig, nickend.

'Parviflora', Blütenblätter bis 2 cm lang, weniger dick, beiderseits scharlachrot.

Clematis
× *pseudococcinea*
'Gravetye Beauty',
eine besonders
attraktive Hybride
mit *C. texensis*.
Beschreibung
Seite 64

'Sir Trevor Lawrence', Blüten leuchtend bläulich karmesinrot, 5 cm lang, aufrecht. Sehr schöne Blütenfarbe. Für Schnitt geeignet.

'The Princess of Wales', Blüten bis zum Verblühen tulpenförmig bleibend. Hat mit dem tiefen, kräftigen, leuchtend Rosa die kräftigste Farbe aller Hybriden dieser Gruppe, Blüten auch außen rosa überzogen.

Clematis crispa L.
Krause Waldrebe

Habitus: Halbstrauchige, 1 bis 2 m hohe Kletterpflanze. Triebe meist regelmäßig bis zum Boden absterbend.
Blätter: Einfach oder drei- bis siebenteilig gefiedert. Blättchen eiförmig bis lanzettlich, 4 bis 8 cm lang, ganzrandig oder gelappt, glatt und glänzend.
Blüten: Einzeln, endständig auf 3 bis 7 cm langen Stielen, nickend, 3 bis 4 cm lang, nach Orangen duftend. Blütenblät-

ter unten glockig zusammenstehend, an der Spitze weit gespreizt, rotviolett, Blütenblätter am Rand wellig und weißlich gefärbt. Juni–September.
Verbreitung: Südöstliche USA. 1726 nach Europa eingeführt.
Allgemeines: *C. crispa* besticht durch ihre lange Blütezeit, unermüdlich werden neue Blütenknospen angelegt. In unseren Breiten sterben die Triebe meist jährlich bis zum Boden ab. *C. crispa* wird also wie eine Staude behandelt, zum Klettern benötigt sie möglichst natürliche Stützen. Sie wächst bis zum Einsetzen des Frostes und benötigt einen geschützten Platz, am besten in südwestlichen Lagen.

Clematis fusca Turcz.
Braunblütige Waldrebe

Habitus: Halbstrauchige, 2 bis 3 m hohe Kletterpflanze. Triebe kantig, in der Jugend fein behaart.

auf die Mittelrippe reduziert und zu einer Ranke umgebildet.

Blüten: Einzeln auf 5 bis 10 cm langen, behaarten Stielen, krugförmig, 3 cm lang, außen violett, innen mehr rötlich. Ende Mai bis September.

Verbreitung: Zentralstaaten von Nord-Amerika. 1878 nach England eingeführt.

Allgemeines: *C. pitcheri* ist die am stärksten wachsende und am besten verholzende Art der Sektion Viorna. Sie ist deshalb für die Gartenkultur besonders gut geeignet, in natürlichen Pflanzungen, in Verbindung mit hohen Sträuchern, ist sie am besten aufgehoben. Sie unterscheidet sich von anderen Arten ihrer Sektion durch die behaarten, aber nicht fedrigen Griffel an der Frucht.

*Clematis ×
pseudococcinea
'Pagoda'.
Beschreibung
Seite 64*

Blätter: Gefiedert, 15 bis 20 cm lang. Blättchen meist 5 bis 7, eiförmig, an der Basis abgerundet oder herzförmig, 3 bis 6 cm lang, spitz, unterseits kahl oder behaart.

Blüten: Einzeln auf sehr kurzen Stielen, nickend, 2 bis 2,5 cm lang, die 4 Blütenblätter krugförmig, an den Spitzen zurückgeschlagen, außen rotbraun und dicht behaart, innen weißlichviolett. Juni–August.

Verbreitung: Vom asiatischen Rußland durch die Mandschurei bis zu den Kurilen.

Allgemeines: Eine harte und wüchsige Art für naturnahe Pflanzungen. Interessant durch die eigenartigen Blüten und die besonders zahlreichen Fruchtstände.

*Abbildung
Clematis pitcheri
Seite 15*

Clematis pitcheri Torr. et A. Gray
Pitchers Waldrebe

Habitus: 2 bis 3 m hohe Kletterpflanze, Triebe in der Jugend behaart.

Blätter: Drei- bis siebenfach gefiedert. Blättchen 3 bis 7 cm lang, eiförmig, an der Basis abgerundet oder herzförmig, unterseits netznervig und mehr oder weniger stark behaart. Endblättchen oft bis

Mittelstarkwachsende Klettersträucher

Die hier vorgestellten Arten wachsen wesentlich stärker als die der zuvor genannten Gruppe, oft sind sie auch robuster. Mit Wuchshöhen von 3 bis 5 m lassen sie sich nahezu überall dort pflanzen, wo für Waldreben ausreichende Lebensbedingungen vorhanden sind. Nur für größere Lauben und Pergolen sind die starkwachsenden Arten (Seite 70) besser geeignet. Mit den Arten dieser Gruppe lassen sich Hauswände, Mauern, Zäune, Säulen, Torbögen und Sichtschutzwände begrünen oder unansehnliche Sträucher und Baumruinen neu beleben. Dabei darf der Rückschnitt, je nach Art mehr oder weniger stark, nicht vergessen werden.

Die Artenzahl dieser Gruppe übertrifft die der anderen deutlich. Es sind Arten aus nahezu allen Sektionen vertreten, ohne besonderen Schwerpunkt bei einer bestimmten Sektion. Hier sind auch die Arten zu nennen, die am Zustandekommen der großblumigen Hybriden beteiligt sind und zwar *C. florida, C. lanuginosa, C. patens* und *C. viticella*. Obwohl sie, mit Ausnahme von *C. viticella*, als natürliche Arten für den Garten kaum

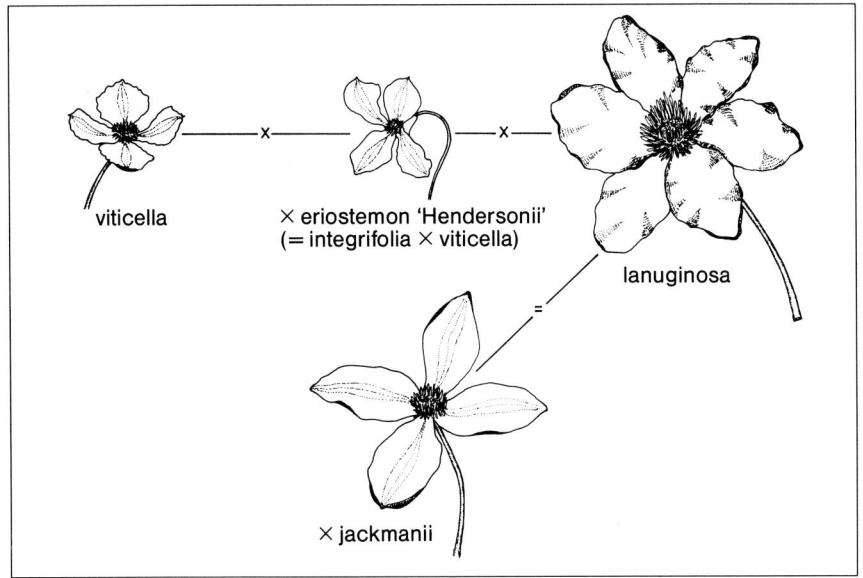

viticella
× eriostemon 'Hendersonii'
(= integrifolia × viticella)
lanuginosa
× jackmanii

Entstehung von *Clematis* × *jackmanii* **siehe** **Geschichte der** **Clematis-Züchtung** **Seite 83**

von Bedeutung sind, sollen sie hier vorgestellt werden. Neben den Arten und deren Sorten sind auch einige Hybriden zu behandeln, von denen *C.* × *jackmanii* die weitaus wichtigste ist.

Clematis × jackmanii T. Moore
(C. lanuginosa × C. viticella)
Jackmans Waldrebe

Habitus: Robuster, 3 bis 4 m hoher Kletterstrauch.
Blätter: Gefiedert, die oberen oft einfach. Blättchen eiförmig, 10 bis 12 cm lang, oben dunkelgrün, unten heller und schwach behaart.
Blüten: Auf 10 bis 14 cm langen Stielen, meist zu dritt, in großer Zahl an den Enden der diesjährigen Triebe, violettpurpurn, 10 bis 14 cm breit, Blütenblätter 4, selten 6, verkehrt-eiförmig, flach ausgebreitet. Staubgefäße grün. Juli–Oktober.
Allgemeines: Mit *C.* × *jackmanii* begann der Siegeszug der großblumigen Hybriden. Sie war die erste Kreuzung zwischen ostasiatischen und europäischen Arten mit großen, tellerförmigen Blüten von samtig blauer Farbe. 1860 wurde in der Baumschule Jackman, in

Woking, Surrey, die ostasiatische *C. lanuginosa* mit Pollen von *C. viticella* 'Atrorubens' und *C.* × *eriostemon* 'Hendersonii' bestäubt. 1862 blühten die daraus erzielten Sämlinge zum ersten Mal, aus ihnen wurde eine Pflanze ausgelesen, als *C.* × *jackmanii* benannt und fortan vegetativ vermehrt. Später wurde Hybride, deren Bezeichnung nun gelegentlich auch als Sortenname geschrieben wird, auch Elternteil zahlreicher großblumiger Hybriden.

C. × *jackmanii* wird auch heute noch kultiviert, sie ist ein ausgesprochen robuster Massenblüher, dessen Blüte bei günstigem Wetter bis zum Oktober dauert und der für alle Verwendungsbereiche geeignet ist. Als Spätblüher sollte die Hybride jährlich stark zurückgeschnitten werden.

'Jackmanii Alba' blüht weiß und ist interessant, weil die ersten Blüten gefüllt, die später erscheinenden einfach sind. Die alte Sorte kann inzwischen durch bessere, weißblühende, großblumige *Clematis* wie 'Duchess of Edinburgh' oder 'Madame Le Coultre' ersetzt werden.

'Jackmanii Superba' unterscheidet sich von der Ausgangsform durch eine dunk-

Abbildung *Clematis* × *jackmanii* **Seite 23**

67

lere Blütenfarbe und die etwas breiteren Blütenblätter, die Blüte wirkt dadurch etwas voller. Sonst hat sie die gleichen Eigenschaften. (Siehe auch Seite 90).

Abbildung
Clematis viticella
Seite 48

Abbildungen:
'Alba Luxurians'
Seite 23
'Kermesina'
Seite 23

Clematis viticella L.
Italienische Waldrebe

Habitus: Zierlich, bis 4 m hoch kletternd.
Blätter: Gefiedert, 5 bis 7 Blättchen, breit elliptisch bis schmal lanzettlich, meist ganzrandig oder mit wenigen Lappenzähnen.
Blüten: Meist einzeln auf 5 bis 10 cm langen Stielen, 3 bis 5 cm breit, die 4 Blütenblätter flach ausgebreitet, im oberen Teil verbreitert, am Saum meist etwas kraus, purpurrosa bis violett. Juli–September. Früchte mit kurzen, kahlen Griffeln.
Verbreitung: Süd-Europa bis Kleinasien, schon seit 1569 in Kultur.
Allgemeines: In ihren natürlichen Arealen durchschlingt und überwächst *C. viticella* zierlich und locker Sträucher und Gebüsche. Sie bevorzugt halbschattige Standorte. Gleiche Möglichkeiten sollte sie auch im Garten haben. Sie verholzt nicht besonders stark und verträgt jährlich einen kräftigen Rückschnitt.

C. viticella ist eine Pflanzenart von großer gartenbaulicher Bedeutung. Jahrhundertelang war sie ihrer »blauen« Blüten wegen eine begehrte Gartenpflanze, schon im 16. Jahrhundert waren doppelt blühende Formen bekannt. Sie wurde erst aus den Gärten verdrängt, nachdem im 19. Jahrhundert prächtiger blühende, ostasiatische Arten eingeführt worden waren. Sie wurde mit den neu eingeführten Arten gekreuzt und ist so am Zustandekommen der großblumigen Hybriden beteiligt. Heute ist die variable Art mit zahlreichen Gartenformen und Hybriden in unseren Gärten verbreitet. Nicht wenige Gartenformen haben den zierlichen Charme der Wildart verloren und sind den großblumigen Hybriden ähnlich.

Die hier genannten Sorten blühen überwiegend von Juli bis September, alle vertragen im Frühjahr einen kräftigen Rückschnitt. Es handelt sich um Sorten mit relativ kleinen Blüten, die sich noch einen Hauch von natürlichem Charme bewahrt haben. Die zu den großblumigen Hybriden gestellten Sorten der Viticella-Gruppe werden auf den Seiten 90 bis 92 vorgestellt.

'Abundance', Blüten 5–7 cm breit, 4 bis 5 Blütenblätter, weinrot mit stärker gefärbten Nerven.

'Alba Luxurians', Blüten 9 cm breit, opalweiß, die 4 bis 5 eiförmigen Blütenblätter leicht deformiert und mit einem unterschiedlich großen, mehr oder weniger deutlichen grünen Fleck.

'Betty Corning', Blüten blaßlila, breitglockig.

'Blue Bell', Blüten tief violettblau, 8 cm breit, geöffnet bis leicht glockig, sehr spätblühend.

'Carmencita', Blüten purpurrot.

'Kermesina', Blüten 5–7 cm breit, meist mit 6 Blütenblättern, tief weinrot, sehr reichblühend. Alte Sorte, die noch immer wertvoll und beliebt ist.

'Little Nell', Blüten 5 cm breit, bläulichweiß mit grünen Staubgefäßen.

'Minuet', Blüten 3 bis 5 cm breit, creme, hellviolett umrandet, Blütenblätter gewellt.

'Polish Spirit', Blüten purpurblau, 7 cm breit, sehr attraktive Blüte, die sich auch gut für den Schnitt eignet.

'Purpurea Plena', Blüten 3–5 cm breit, purpurblau, gefüllt.

'Purpurea Plena Elegans', Blüten 4 cm breit, kräftig rosarot, gefüllt.

'Rosea', Blüten rein rosa.

'Rubra', Blüten 5 cm breit, weinrot.

'Södertälje', Blüten rosarot, reichblühend.

Clematis campaniflora Brot.
Glockenblütige Waldrebe

Habitus: Robuster, 3 bis 6 m hoher Kletterstrauch. Triebe sehr dünn, in der Jugend zerbrechlich.

Blätter: Doppelt gefiedert oder doppelt dreizählig. Blättchen ungeteilt oder gelappt, schmal-lanzettlich, eiförmig oder oval, etwa 7 cm lang.

Blüten: Meist zu mehreren gebüschelt, aber auch einzeln, kurz glocken- oder fast schalenförmig mit zurückgerollten Spitzen, weißblau bis hell violett, 2 cm lang und 3 cm breit, leicht duftend. Sehr reichblühend, Blüten über die ganze Pflanze verteilt. Juli–August.

Verbreitung: Portugal. Seit 1810 in Mitteleuropa in Kultur.

Allgemeines: Die Pflanze erinnert in ihrem Aussehen an eine zierliche *C. viticella*. Sie verträgt im Garten vollsonnige Standorte und eignet sich besonders gut zum Durchschlingen von Sträuchern und kleinen Bäumen, natürlich auch für alle anderen Verwendungsbereiche.

Clematis florida Thunb.
Reichblütige Waldrebe

Habitus: bis 4 m hoch kletternd, sommergrün, gelegentlich mehr oder weniger wintergrün.

Blätter: Meist doppelt dreizählig. Blättchen eiförmig bis lanzettlich, 2 bis 5 cm lang, ganzrandig oder mit 1 bis 2 Lappen oder Zähnen, glänzend dunkelgrün, unterseits mehr oder weniger behaart.

Blüten: Achselständig, 6 bis 8 cm breit, einzeln auf 8 bis 14 cm langen Stielen, in der Mitte mit 1 bis 2 laubartigen Brakteen. Blütenblätter zu 4 bis 6, zugespitzt, flach ausgebreitet und sich einander deckend, gelblichweiß, auf der Rückseite grünlich gestreift. Staubgefäße dunkelpurpur. Blüten an kurzen Trieben aus dem vorjährigen Holz. Juni–Juli.

Verbreitung: Heimisch in China, in Japan seit langer Zeit in Kultur, dort von C. P. Thunberg gefunden, 1778 in Europa eingeführt. Später von anderen Sammlern auch in China wild gefunden.

Allgemeines: *C. florida* gehört zu den Elternarten unserer großblumigen Hybriden. Sie ist bei uns nicht ganz frosthart und deswegen nicht in Kultur.

'Sieboldii' ist eine alte japanische Sorte, die durch von Siebold um 1836 aus Japan nach Europa kam. Sie hat 6 Blütenblätter, blüht weiß und hat »gefüllte« Blüten. Die meisten Staubgefäße sind zu purpurfarbenen, kronblattähnlichen, rosettenförmig angeordneten Staminodien umgewandelt, die etwa halb so lang sind wie die Blütenblätter. Eine schöne, leider aber etwas frostempfindliche Sorte. Auch 'Alba Plena' ist eine alte, früher häufiger kultivierte, heute weitgehend vergessene Sorte, die sich von 'Sieboldii' durch ihre weiß gefärbten Staminodien unterscheidet. Beide Sorten benötigen, wie die Art, warme und geschützte Standorte.

Clematis lanuginosa Lindl.
Wollige Waldrebe

Habitus: Kaum mehr als 2 bis 3 m hoch kletternd. Triebe behaart.
Blätter: Einfach oder dreiteilig, derb, eilanzettlich, 6 bis 12 cm lang, unterseits dicht weichhaarig.
Blüten: Blütenstiele und -knospen stark wollig behaart. Blüten einzeln oder zu 2 bis 3 in Trugdolden, 10 bis 20 cm breit, weiß bis hell lila. Die 6 bis 8 Blütenblätter eiförmig oder elliptisch, außen wollig behaart und sich mehr oder weniger stark überdeckend. Blüten an jungen, diesjährigen Trieben, nacheinander aufblühend. Juni–September.
Verbreitung: Heimisch in China, 1850 von R. Fortune entdeckt.
Allgemeines: Die Wollige Waldrebe hat die größten Blüten aller *Clematis*-Wildarten. Sie wird trotzdem kaum mehr kultiviert, ihre große Bedeutung hat sie als eine der Elternarten zahlreicher großblumiger Hybriden.

Bei Isaac Anderson-Henry in Edinburgh entstanden aus einer Kreuzung zwischen *C. lanuginosa* und *C. patens* 'Fortunei' die ersten Sorten der Lanuginosa-Gruppe 'Lawsoniana' und 'Henryi', die immer noch zum Sortiment der großblumigen Hybriden gehören.

Clematis patens Morr. et Decne.
Offenblütige Waldrebe

Habitus: 2 bis 4 m hoch kletternd.
Blätter: Mit 3 bis 5 Blättchen gefiedert. Blättchen 10 bis 14 cm lang, eilanzettlich, zugespitzt, ganzrandig, unterseits schwach behaart.
Blüten: Einzeln an zweiblättrigen Seitentrieben, 10 bis 15 cm breit, weiß bis violett, Blütenblätter zu 6 bis 8. Mai–Juni.
Verbreitung: Heimisch in Mittel- und Süd-Japan, von dort 1836 durch von Siebold in Europa eingeführt.
Allgemeines: *C. patens* ist eng mit *C. florida* verwandt, im Gegensatz zu ihr sind die Blütenstiele von *C. patens* ohne Brakteen.

C. patens hat zur Entstehung der großblumigen Hybriden beigetragen, die 1861 durch R. Fortune eingeführte japanische Sorte 'Standishii' vermutlich aber mehr als die natürliche Art selbst. Von einigen Botanikern wird 'Standishii' für eine Hybride zwischen *C. patens* und *C. florida* gehalten. 'Standishii' hat dreizählige Blätter und hell lilablaue, metallisch schimmernde, in der Mitte rötlichlila, 12 bis 14 cm breite Blüten.

Auch 'Fortunei' ist eine alte, um 1860 aus Japan eingeführte Sorte. Ihre Blüten sind 8 bis 12 cm breit und gefüllt, zuerst milchweiß, später rosa überlaufen.

Die als Patens-Gruppe klassifizierten großblumigen Hybriden blühen im Frühsommer auf Kurztrieben, die aus den vorjährigen Trieben entstehen, sie werden deshalb nicht zurückgeschnitten.

Aus einer Kreuzung zwischen *C. patens* × *C. viticella* entstand schon vor 1857 *C.* × *guascoi* Lem., ein hochkletternder Strauch mit behaarten Jungtrieben, gefiederten Blättern mit meist 5 kahlen oder fast kahlen Blättchen und einzeln stehenden, bis 8 cm breiten Blüten. Sie haben 4 bis 6 verkehrt-eiförmige, violettrote Blütenblätter, die außen filzig behaart sind. Aus dieser Kreuzung sind einige Sorten ausgelesen worden, von denen 'Fair Rosamond' noch zum Sortiment von Spezialbetrieben gehört. Ihre 10 bis 15 cm breiten, duftenden Blüten sind weiß mit einem Anflug von Rot, die Staubgefäße sind purpurfarben.

Clematis tangutica
(Maxim.) Korsh.
Mongolische Waldrebe

Habitus: Bis 5 m hoch kletternd, Triebe in der Jugend behaart.
Blätter: Gefiedert bis doppelt gefiedert, Blättchen länglich-lanzettlich, 3 bis 8 cm lang, unregelmäßig gezähnt, Zähne nach außen gerichtet, oft tief zwei- bis drei-lappig, graugrün, in der Jugend behaart.
Blüten: Meist einzeln an 5 bis 15 cm langen Stielen, nickend, leuchtend gelb, bis 8 cm breit, anfangs breit glockig, Blü-tenblätter später mehr oder weniger stark spreizend, lang zugespitzt, beider-seits kahl. Juni–Juli und September–Oktober.
Verbreitung: Mongolei bis Nordwest-China, 1898 eingeführt.
Allgemeines: *C. tangutica* ist ohne Zweifel die schönste der gelbblühenden Arten. Gründe dafür sind: kräftiger Wuchs, ausreichende Frosthärte, reiche Blüte, eine lange Blütezeit und der reiche Ansatz silbrig-fedriger Fruchtstände. Die zweite Blühperiode setzt ein, wenn die ersten Fruchtstände schon voll entwik-kelt sind – ein dekoratives Bild. *C. tan-gutica* liebt vollsonnige Standorte, nur dort blüht sie reich. Sie wächst stärker als die nahe verwandten *C. orientalis* und *C. serratifolia* und ist zur Berankung grö-ßerer Fassaden, Lauben und Pergolen ge-eignet. Von besonderer Wirkung ist die Art, wenn sie robuste Sträucher über-ranken kann.
'Aureolin', Auslese aus Boskoop mit kräftiger gefärbten und größeren Blüten.
'Golden Harvest', vermutlich eine Hy-bride zwischen *C. serratifolia* × *C. tan-gutica*, wird etwa 2,5 m hoch. Sie hat meist 7zählige Blätter mit elliptischen bis eiförmigen, grob gesägten Blättern. Von August bis Oktober öffnen sich die zahlreichen gelben, weitglockigen, etwa 4,5 cm breiten, nickenden Blüten. Auffäl-lig sind auch die purpur-violetten Staub-blattbüschel. Abbildung Seite 73.

'Gravetye', englische Auslese, reich-blühend und kräftig wachsend.

'Helios' ist ein Ergebnis eines Züch-tungsprogrammes mit gelbblühenden Wildarten, unter anderem *C. tangutica, C. orientalis, C. serratifolia* und *C. tibe-tana* ssp. *vernayi*, an der Versuchsanstalt in Boskoop, Holland. Die Kreuzungen wurden mit dem Ziel durchgeführt, mög-lichst großblumige, gelbblühende Wald-reben mit gut geöffneten Blüten zu er-halten. Unter den Sämlingen von 1979 fand man eine reichblühende Hybride mit völlig geöffneten, leuchtendgelben Blüten, die einen Durchmesser von 6,5 bis 9 cm haben. Die Blüte setzt etwa Mitte Mai ein und dauert bis zum Okto-ber. Durch die große Blühwilligkeit ist die Wachstumsgeschwindigkeit bedeu-tend geringer als bei anderen Hybriden von *C. tangutica* und *C. orientalis*.

Clematis orientalis L.
Orientalische Waldrebe

Habitus: 3 bis 5 m hoch kletternd. Die jungen Triebe gestreift und kahl.
Blätter: Bis 20 cm lang, blaugrün, ein-fach bis doppelt gefiedert, die unteren Fiedern oft dreizählig. Blättchen eiförmig bis lanzettlich, 2 bis 5 cm lang, gelappt oder grob gezähnt, kahl oder winzig be-haart.
Blüten: Einzeln oder zu wenigen zu-sammen, gelb, breitglockig, 3 bis 5 cm breit, Stiel 10–14 cm lang. Die 4 Blüten-blätter sehr dick und fleischig, elliptisch, spitz zulaufend, beiderseits behaart, spreizend und schließlich zurückgebo-gen. August–September.
Verbreitung: *C. orientalis* hat ein sehr großes Verbreitungsgebiet, es reicht von Südost-Europa über die Halbinsel Krim, die Kaukasusländer und den Himalaja bis nach Nord-China und die Mandschurei. Seit 1731 in Mitteleuropa in Kultur.

Abbildung
Clematis tangutica
'Aureolin' Seite 40

*Clematis
serratifolia*, eine
frostharte und
blühwillige Art

Abbildung
Clematis orientalis
'Bill Mackenzie'
Seite 23

Allgemeines: Neben *C. tangutica* ist die Orientalische Waldrebe die attraktivste unter den gelbblühenden Arten. Sie wächst kräftig und hat farnartig fein zerteiltes, blaugrünes Laub. Aus fast kugeligen Blütenknospen entfalten sich, oft bis in den Oktober hinein, in steter Folge die laternenähnlichen Blüten. Noch während der Blütezeit erscheinen die dekorativen Fruchtstände mit ihren langen, fedrigen, weißsilbrigen Schweifen.

In Spezialbetrieben werden auch von *C. orientalis* einige Sorten kultiviert.

'Bill Mackenzie', Blüten gelb, bis 8 cm breit, Juli–September.

'Bravo', Blüten hellgelb, bis 5 cm breit, Juli–September. Besonders reiche Ausbildung von Fruchtständen.

'Burford Variety', Blüten tiefgelb, bis 5 cm breit, Juli–Oktober.

'Corry', Blüten goldgelb, bis 5 cm breit, Juli–September.

'Orange Peel', unter diesem Sortennamen ist eine *Clematis* im Handel, die sehr nahe mit *C. orientalis* verwandt,

aber noch nicht endgültig benannt ist. Sie wurde erst 1947 von Ludlow, Sherriff und Elliott unter der Sammelnummer LSE 13372 aus Tibet eingeführt und in England zunächst als »Nr. 13372« verbreitet. Sie besticht durch besonders schöne, tiefgelbe, zuletzt orangegelbe Blüten, die sehr dickfleischige Blütenblätter und braune Staubblätter haben. Sie ist auch durch ihre späte Blüte, September–Oktober, wertvoll.

Clematis serratifolia Rehd.
Gesägtblättrige Waldrebe

Habitus: Bis etwa 3 m hoch kletternd, Triebe kahl und gefurcht.

Blätter: Doppelt dreizählig, Blättchen eilanzettlich, 3 bis 6 cm lang, lang zugespitzt, scharf gesägt, Zähne nach vorn gerichtet, zuweilen zwei- bis dreilappig, frischgrün.

Blüten: Achselständig, zu 1 bis 3 an 4 bis 6 cm langen Stielen, 3 bis 5 cm breit,

gelb, anfangs glockig, Blütenblätter später spreizend, Staubfäden purpurn. August–September.

Verbreitung: Korea, um 1918 eingeführt.

Allgemeines: *C. serratifolia* ist eng mit *C. tangutica* verwandt. Sie unterscheidet sich von ihr durch schwächeren Wuchs, kleinere Blüten, die Farbe der Staubgefäße sowie durch Form und Zähnung der Blättchen. Eine frostharte, blühwillige Art für Liebhaber.

Bei der in Holland lange Zeit unter dem Namen *C. serratifolia* kultivierten Form handelt es sich tatsächlich um *C.* 'Golden Harvest', die viel größere Blüten hat als die eher bescheiden blühende *C. serratifolia*.

Clematis tibetana Kuntze
subsp. vernayi (Fisch.) Grey-Wilson
Blaugrüne Waldrebe

Habitus: Mit dünnen Trieben etwa 3 m hoch kletternd,

Blätter: Einfach oder doppelt gefiedert, Blattstiele sehr lang. Blättchen elliptisch bis lanzettlich, 1,5 bis 5 cm lang, auffallend blaugrün.

Blüten: Achselständig, zu 1 bis 2 an langen Stielen, gelb, 3 cm breit, anfangs glockig, zuletzt gespreizt, aber nicht gebogen, dann bis 5 cm breit, Staubblätter gelb. Blütenblätter elliptisch, beiderseits kahl. August–September.

Verbreitung: West-China und Sibirien. Seit 1752 in Mitteleuropa in Kultur.

Allgemeines: *C. tibetana* subsp. *vernayi* erinnert in Aufbau und Blüte an *C. orientalis*. Beide Arten unterscheiden sich durch Stellung und Behaarung der Blütenblätter. *C. tibetana* subsp. *vernayi* stellt keine besonderen Ansprüche an Boden und Lage, ist also für alle Verwendungszwecke geeignet. Zu den reizvollen Blüten kommt, meist schon während der noch andauernden Blütezeit, ein bemerkenswert schöner, reicher, silbriger Fruchtschmuck.

Die Blaugrüne Waldrebe ist eng mit einer anderen westchinesischen Art verwandt, mit der 1904 durch E. H. Wilson in Europa eingeführten *C. akebioides* (Maxim.) hort ex Veitch. Die selten angebotene Art hat gefiederte Blätter mit 5 bis 7 kahlen, dicklichen, vorne stumpfen Blättchen, die am Rand unregelmäßig gezähnt oder gelappt sind. Die 4 bis 5 cm breiten Blüten stehen in kleinen Büscheln in den Blattachseln. Die 4 eiförmigen, aufrechten oder gespreizten Blütenblätter sind gelb gefärbt, sie haben eine bronzebraune Mitte und sind gelegentlich auf der Rückseite purpurn oder gelb getönt.

Links:
Clematis 'Golden Harvest' wurde lange unter dem Namen *Clematis serratifolia* angeboten
Rechts:
Clematis tibetana subsp. *vernayi*

Clematis × triternata DC.
(C. flammula × C. viticella)

Habitus: Bis 4 m hoch kletternd, Triebe verholzend.
Blätter: Einfach oder doppelt gefiedert, Blättchen ganzrandig.
Blüten: Etwa 3 cm breit, lila, oft mit 6 Blütenblättern, in endständigen Rispen. August.
Allgemeines: Die Hybride entstand schon vor 1840. Häufiger als der Typ selbst wird die ebenfalls sehr alte Sorte (vor 1883 in England entstanden) 'Rubro-marginata' kultiviert. Sie wächst wie ihre Stammform, ihre Blüten haben aber weiße, violettrot gesäumte Blütenblätter. Eine interessante Liebhabersorte, die von August bis zum Herbst unermüdlich und reich blüht.

Clematis gracilifolia Rehd. et Wils.
Schmalblättrige Waldrebe

Habitus: Bis 4 m hoch kletternd, Triebe gestreift, grau, in der Jugend angedrückt behaart.
Blätter: Gefiedert, Blättchen 5 bis 7, fast sitzend, 1,5 bis 3 cm lang, spitz, dreilappig oder mit wenigen großen Zähnen, spärlich behaart.
Blüten: Zu 2 bis 4 in blattachselständigen Büscheln auf 3 bis 5 cm langen, behaarten Stielen, reinweiß, 3 bis 4 cm breit, Blütenblätter 4, spreizend, eiförmig, außen behaart. Juni.
Verbreitung: China, 1910 eingeführt.
Allgemeines: *C. gracilifolia* gehört in die gleiche Gruppe (Sektion Flammula) wie *C. montana* und *C. chrysocoma*, die beide aber nur 3zählige Blätter besitzen. Eine schöne, harte Art, zierlicher in Wuchs und Aufbau als die ähnliche *C. montana*.

Clematis lasiandra Maxim.
Zottige Waldrebe

Habitus: Bis 4 m hoch kletternd, junge Triebe klebrig.
Blätter: Doppelt gefiedert, die 3 bis

Clematis flammula, eine zierliche Art mit duftenden Blüten für geschützte Plätze

Clematis flammula L.
Mandel-Waldrebe

Habitus: Bis 5 m hoch kletternd. Triebe nur am Grunde verholzend.
Blätter: Sehr variabel, Blättchen meist 5, die unteren oft dreiblättrig oder gelappt, eilanzettlich, 1,5 bis 4 cm lang, Basis keilförmig oder abgerundet, kahl.
Blüten: Reinweiß, 2 bis 2,5 cm breit, in vielblütigen Rispen, nach bitteren Mandeln duftend, Blütenblätter zu vier, abstehend bis zurückgeschlagen. Staubblätter gelb, zahlreich. August–Oktober.
Verbreitung: Vom Mittelmeergebiet bis Süd-Rußland und Persien.
Allgemeines: Die Mandel-Waldrebe ist eine sehr alte Gartenpflanze, in England wird sie schon seit dem 16. Jahrhundert kultiviert. Sie ist vor allem ihrer späten Blüte wegen wertvoll, benötigt bei uns aber einen warmen, geschützten Platz, nicht selten friert sie im Winter bis zum Boden zurück. In jedem Fall werden die Pflanzen im Nachwinter kräftig zurückgeschnitten. Für Standorte zwischen strauchartigen Gehölzen ist sie besser geeignet als zur Bekleidung von Spalieren.

7 Blättchen meist dreiteilig oder dreilappig. Blättchen eiförmig bis lanzettlich, 3 bis 8 cm lang, zugespitzt, scharf gesägt, hellgrün.

Blüten: Zu 1 bis 3 achselständig, auf 3 bis 7 cm langem Stiel, glockig, 1,5 bis 2 cm lang, weißlich bis trübrot, Spitze der Blütenblätter zurückgebogen. Staubgefäße weißlichgelb, zottig behaart, fast doppelt so lang wie die Blütenblätter. August–Oktober.

Verbreitung: Heimisch in Mittelchina. 1900 durch H.E. Wilson eingeführt.

Allgemeines: Die Zottige Waldrebe ist eine ausgesprochene Liebhaberpflanze für warme Lagen, die durch ihre späte Blüte interessant ist.

Clematis veitchiana Craib.
Veitchs Waldrebe

Habitus: Bis 3 m hoch kletternd, ähnlich *C. rehderiana*.

Blätter: Mit 7 bis 9 Blättchen gefiedert, diese meist dreizählig oder nur dreilappig, eiförmig bis lanzettlich, 3 bis 6 cm lang, unten seidig behaart.

Blüten: In aufrechten Rispen, glockig, gelblichweiß, leicht duftend, Blütenblätter pfriemförmig, nur etwa 1 cm lang. September–Oktober.

Verbreitung: West-China, 1904 eingeführt.

Allgemeines: *C. veitchiana* unterscheidet sich von der nahe verwandten *C. rehderiana*, in die sie gelegentlich einbezogen wird, durch schwächeren Wuchs, kleinere Blüten und die viel feinere Belaubung. Es ist eine in Gärten wenig verbreitete Art für Liebhaber. Sie kann als Spätsommerblüher jährlich stark zurückgeschnitten werden.

Clematis virginiana L.
Virginische Waldrebe

Habitus: 4 bis 5 m hoch kletternd, Triebe kahl und gefurcht.

Blätter: Dreizählig, selten mit 5 Blättchen gefiedert, Blättchen eiförmig, 6 bis 9 cm lang, zugespitzt, grob gesägt.

Blüten: Meist eingeschlechtig, zweihäusig oder polygam, weiß, 2 bis 3 cm breit, in achselständigen, beblätterten Rispen, die 4 Blütenblätter spatelförmig und außen behaart. August–September.

Verbreitung: Östliches Nord-Amerika, 1720 eingeführt.

Allgemeines: *C. virginiana* ist in Blütenform und -zeit der einheimischen *C. vitalba* ähnlich, besitzt aber nur 3zählige Blätter. Sie wächst üppig, stellt keine besonderen Ansprüche, kann in kalten Wintern aber leiden. Sie eignet sich gut zur Berankung alter Bäume, Lauben, Pergolen, Zäune und Fassaden.

Starkwachsende Klettersträucher

In diesem Kapitel werden Arten zusammengefaßt, deren Wuchshöhe in der Regel 5 m übersteigt. Darunter sind zwei der wichtigsten Wildarten, die in Mitteleuropa weit verbreitete Gemeine Waldrebe, *C. vitalba*, und die chinesische Bergwaldrebe, *C. montana*, die zu den härtesten und reichblühendsten Arten gehört.

C. vitalba ist keine Gartenpflanze im eigentlichen Sinn, sie eignet sich aber gut zur raschen Bekleidung unansehnlicher Gebäude oder zur Anpflanzung im Park und an Waldrändern, wo sie bis hoch in die Baumkronen klettern kann.

C. montana dagegen ist eine außerordentlich beliebte Gartenpflanze, die allerdings auch einen ausreichend großen Platz zur Entfaltung benötigt. Mit keiner anderen *Clematis*-Art lassen sich so rasch Mauern, Fassaden, Pergolen und Lauben bekleiden wie mit *C. montana*. In England sieht man nicht selten, wie *C. montana* hochaufragende Fassaden von Schloß- und Burgruinen erobert.

Aber auch die restlichen hier genannten Arten haben ihre gartenbauliche Bedeutung, obwohl sie weit weniger stark verbreitet sind.

Abbildung *Clematis virginiana* Seite 14

Abbildung
Clematis ligusticifolia Seite 8

Clematis ligusticifolia Nutt.
Zungenblättrige Waldrebe

Habitus: Bis 6 m hoch kletternd.
Blätter: Gefiedert, Blättchen 5 bis 7, eiförmig bis lanzettlich, 3 bis 7 cm lang, lang zugespitzt, grob gezähnt und oft dreilappig, derb, gelb- bis frischgrün.
Blüten: Eingeschlechtig und zweihäusig verteilt, weiß, etwa 2 cm breit, in end- und achselständigen Rispen. Blütenblätter 4, länglich, ausgebreitet, Staubblätter weiß, zahlreich, länger als die Blütenblätter. August–September.
Verbreitung: Britisch Kolumbien und North Dakota bis New Mexiko und Kalifornien.
Allgemeines: Die Blüten dieser amerikanischen Art erinnern an die europäische *C. vitalba*, sie schmückt sich im Herbst mit großen, dichtfedrigen Fruchtständen.

Abbildung
Clematis montana
'Elizabeth' Seite 2,
'Rubens' Seite 22

Clematis montana DC.
Berg-Waldrebe, Anemonen-Waldrebe

Habitus: Starkwachsend, bis 8 m hoch, nur junge Triebe leicht behaart.
Blätter: Stets dreizählig, an Kurztrieben rosettig stehend, Blättchen kurzgestielt, einfach, eiförmig, 2 bis 5 cm lang, eingeschnitten gezähnt, ausnahmsweise ganzrandig, kahl.
Blüten: Zu 1 bis 5 in achselständigen Büscheln am alten Holz, langgestielt, 2 bis 5 cm breit, weiß, zum Teil rosa überlaufen, 4 Blütenblätter, elliptisch, gespreizt, leicht duftend, Staubgefäße gelb. Mai.
Verbreitung: Himalaja, Mittel- und West-China, 1831 eingeführt.
Allgemeines: *C. montana* ist in unseren Gärten die am weitesten verbreitete Wildart. Sie wächst üppig und stellt keine besonderen Standortansprüche. Eine besonders reiche Blüte ist an sonnigen Standorten zu erwarten. *C. montana* kann rasch große Fassaden, Mauern, Lauben und Pergolen begrünen. Sie ist besonders schön, wenn ihre langen Triebe über Mauerkronen oder aus Bäumen herabhängen können. Wenn ein Eindämmen des starken Wuchses notwendig ist, schneidet man unmittelbar nach der Blüte, damit sich an den Neutrieben noch im gleichen Jahr Blütenknospen für die Blüte im Folgejahr entwickeln können. Auch nach einem stärkeren Rückschnitt oder nach einem gelegentlichen Zurückfrieren in strengen Wintern regeneriert sich *C. montana* gut.

Neben der natürlichen, reinweiß blühenden Art, die aber nur selten angeboten wird, sind einige Sorten auf dem Markt.

'Alba', weißblühende Wildform, die heute in der Regel aus vegetativer Vermehrung stammt.

'Alexander', Blüten rahmweiß, gut duftend, 5 cm breit, Blätter groß.

'Elizabeth', aus *C. montana* 'Rubens' entstanden, Blüten etwas größer, etwas intensiver rosa und duftend, in England sehr beliebt.

'Freda', Blüten hellrosa, am Rand rosarot, 5 cm breit, Blätter im Austrieb bronzefarben.

'Grandiflora', Blüten weißlichrosa, 6 bis 8 cm breit, ohne Duft.

'Marjorie', Blüten cremerosa, halbgefüllt.

'Maylee', Blüten tief rosarot, 6 cm breit, Blätter im Austrieb bronzefarben.

'Odorata', Blüten weiß mit hellrosa Anflug, stark süßlich duftend.

'Pictons Variety', Blüten tief satinrosa, oft mit 5 bis 6 Blütenblättern. Blätter im Austrieb bronzefarben.

'Pink Perfektion', Blüten tiefrosa, 5 cm breit, stark duftend.

'Rubens', Blätter besonders im Austrieb purpurn, Blüten rosarot, 5 bis 6 cm breit, etwas später blühend als andere Sorten, stammt aus West- und Zentral-China, wurde erst 1900 eingeführt und ist besonders hart und wüchsig.

'Superba', Blüten weiß, etwas größer als beim Typ, kräftig wachsend.

'Tetrarosa', Blättchen mit 2 bis 3 Lappen und grob gesägt, Blüten lilarosa, bis 8 cm breit, Blütenblätter häufig ausge-

Clematis montana
'Tetrarosa' ist
besonders wüchsig
und reich blühend

randet, Staubgefäße hellgelb, starkwüchsig und sehr reichblühend. Wurde 1960 in Boskoop durch Colchicin-Behandlung aus Sämlingen von *C. montana* 'Rubens' erzielt. Es ist eine der auffallendsten Sorten der Bergwaldrebe.

'Vera', Blüten tiefrosa, 5 cm breit, duftend, starkwüchsig und großblättrig.

'Wilsonii', Blüten weiß, 6 bis 8 cm breit, blüht erst im Juni–Juli und ist deshalb sehr wertvoll.

Clematis chrysocoma Franch.
var. sericea Schneid.
Goldschopfige Waldrebe

Habitus: Bis 6 m hoch kletternd, dicht verzweigt.
Blätter: Dreizählig, Blättchen eiförmig, grob gesägt, 3 bis 7 cm lang, unterseits gelblich seidig behaart.
Blüten: Einzeln oder paarweise in Blattachseln am alten Holz, 5 bis 6 cm breit, reinweiß, Staubgefäße goldgelb, die 4 Blütenblätter weit ausgebreitet, verkehrt eiförmig, außen gelblich seidenhaarig. Mai.
Verbreitung: China, 1909 eingeführt.
Allgemeines: *C. chrysocoma* selbst ist schwachwüchsig und nicht ausreichend frosthart, sie wird deshalb kaum kultiviert. Die etwas robustere var. *sericea* ist dagegen in England sehr beliebt und weit verbreitet (nicht selten unter dem Namen *C. spooneri* Rehd. et Wils.), sie blüht dort überreich. Bei uns wird ihr im allgemeinen die sehr ähnliche, zur gleichen Zeit blühende, robustere *C. montana* vorgezogen.

Clematis × vedrariensis Vilm.
(*C. chrysocoma* × *C. montana* 'Rubens')

Habitus: Bis 5 m hoch kletternd, junge Triebe behaart.
Blätter: Dreizählig, Blättchen eiförmig, 2,5 bis 6 cm lang, oft dreilappig, grob gezähnt, dicht behaart.

Abbildung
*Clematis
chrysocoma* var.
sericea Seite 78

Links:
Clematis potaninii
(syn. *Clematis
fargesii*), eine
chinesische Art
Rechts:
*Clematis
chrysocoma* var.
sericea hat große
Ähnlichkeit mit
Clematis montana.
Beschreibung
Seite 77

Blüten: Ähnlich denen von *C. montana* 'Rubens', die Blütenblätter der 5 bis 6 cm breiten Blüten aber breit-elliptisch und lila oder rosa gefärbt.

Allgemeines: Die Hybride entstand um 1914 in der Baumschule Vilmorin in der Nähe von Paris. Sie ist robust, ausreichend frosthart, wächst nicht so stark wie *C. montana* und hat eine schöne, kräftige Blütenfarbe.

'Highdown', Blüten hellrosa, 4–5 cm breit, Blätter behaart.

Clematis vitalba L.
Gemeine Waldrebe

Habitus: Bis 10 m hoch kletternd, üppig und rasch wachsend, junge Triebe gefurcht und behaart.

Blätter: Gefiedert, Blättchen meist 5, das untere Paar oft 3blättrig, eiförmig bis lanzettlich, 3 bis 10 cm lang, grob gezähnt oder ganzrandig.

Blüten: In end- und seitenständigen Rispen, weiß, etwa 2 cm breit, unangenehm riechend, 4 Blütenblätter, 7 bis 8 mm lang, außen dicht behaart, zahlreiche Staubblätter, Juli–September.

Verbreitung: Von West- und Mittel-Europa bis zum Kaukasus.

Allgemeines: *C. vitalba* gehört zu den wenigen einheimischen Lianen. Sie besiedelt Auewälder, feuchte Waldränder und halbschattige bis schattige Hänge auf nährstoff- und basenreichen, oft kalkhaltigen, durchlässigen Böden. Sie wächst sehr üppig, kann ein beachtliches Längenwachstum erreichen und in kurzer Zeit Bäume und Buschgruppen so dicht überranken, daß sie unter der Last der Sprosse zusammenbrechen oder infolge des auftretenden Lichtmangels absterben können. Wie anfangs des Kapitels erwähnt, eignet sich *C. vitalba* nur für größere Anlagen, in denen Platz zum Verwildern ist. Neben ihrer reichen Blüte schmückt sie sich durch ihre fedrigen Fruchtstände, die oft den ganzen Winter über an den Zweigen haften bleiben.

Clematis terniflora DC.
Rispenblütige Waldrebe

Habitus: Bis 8 m hoch kletternd, bildet massige, dichte Büsche.

Blätter: Dreizählig oder gefiedert, 3 bis 5 Blättchen, lang gestielt, 3 bis 7 cm lang, eiförmig, Basis herzförmig oder abgerundet, ganzrandig.

Blüten: In vielblütigen, end- oder achselständigen Rispen, weiß, wohlriechend, 3 cm breit, 4 Blütenblätter, linealisch. September–Oktober.

Verbreitung: Japan.

Allgemeines: *C. terniflora* hat in der Vergangenheit einige Namensänderungen erfahren. Sie wurde zuerst als *C. paniculata* beschrieben, dann in *C. dioscoreifolia* var. *robusta*, später in *C. maximowicziana* umbenannt und trägt nun ihren hoffentlich endgültigen Namen. Die rispenblütige Waldrebe ist ein überaus reichblühender Herbstblüher, der Sonne und Wärme liebt. Die Art bildet nur wenige Ranken aus, sie benötigt deshalb dichtmaschige Klettergerüste. In strengen Wintern können die Pflanzen stark zurückfrieren, regenerieren sich aber rasch wieder.

Clematis potaninii Maxim.
Potanins Waldrebe

Habitus: Bis 6 m hoch kletternd, junge Triebe purpurn, gerippt und behaart.
Blätter: Doppelt gefiedert, 5 bis 7 Blättchen, die unteren dreilappig, 3 bis 5 cm lang, eiförmig, unregelmäßig gesägt und gelappt, schwach seidig behaart.
Blüten: Zu 1 bis 3 an 7 bis 18 cm langen Stielen, 3,5 bis 5 cm breit, meist mit 6 Blütenblätter, reinweiß, außen gelblich behaart, Staubgefäße gelb. Juni–September.
Verbreitung: China, 1911 eingeführt.
Allgemeines: *C. potaninii*, häufig noch als *C. fargesii* bezeichnet, ist wüchsig und ausreichend frosthart, sie besticht durch ihre reinweißen, satinartig schimmernden Blüten und durch die lange Blütezeit. Über zehn Wochen entfalten sich kontinuierlich neue Blüten.

Clematis rehderiana Craib.
Rehders Waldrebe

Habitus: Bis 7 m hoch kletternd, Triebe kantig und behaart.
Blätter: Gefiedert, 7 bis 9 Blättchen, breit-eiförmig, 4 bis 6 cm lang, eingeschnitten gezähnt und meist dreilappig, Basis herzförmig, beiderseits mehr oder weniger behaart.
Blüten: In aufrechten, behaarten, 8 bis

12 cm langen Rispen, hellgelb, glockig, nickend, etwa 1,5 cm lang, duftend, 4 Blütenblätter, an der Spitze etwas zurückgeschlagen. August–Oktober.
Verbreitung: West-China, in Höhenlagen zwischen 2300 und 3300 m, 1898 eingeführt.
Allgemeines: *C. rehderiana* ist die wüchsigste und am häufigsten anzutreffende Art der Sektion Viorna, zu der auch *C. connata* und *C. veitchiana* gehören. Die Art ist robust, völlig winterhart und gefällt durch ihre zarten, reichblütigen Rispen. Nahe verwandt mit *C. rehderiana* ist die im Himalaya heimische *C. buchananiana* DC., eine starkwüchsige Art mit gefiederten Blättern aus meist 5, selten 3 oder 7 Blättchen und 2 bis 3 cm langen, röhrenförmigen, außen gerippten und filzigen, grünlichgelben Blüten.

Clematis vitalba, unsere einheimische Waldrebe, durchrankt hohe Bäume.

Abbildung *Clematis rehderiana* Seite 15

Links:
Clematis connata
Rechts:
Clematis cirrhosa
var. *balearica*
Beschreibung
Seite 82

Clematis connata DC.

Habitus: Bis 8 m hoch kletternd, Zweige kahl und nur schwach gerippt.

Blätter: Gefiedert, die 3 bis 7 Blättchen eilänglich, 5 bis 12 cm lang, regelmäßig grob gezähnt oder ein- bis dreilappig, lang und fein zugespitzt, an der Basis herzförmig.

Blüten: In achselständigen, 8 bis 12 cm langen Rispen, glockig, nickend, 2 cm lang, hellgelb, 4 Blütenblätter, beiderseits kurz behaart, an der Spitze zurückgeschlagen. August–Oktober.

Verbreitung: Südwest-China, Himalaja.

Verwendung: *C. connata* unterscheidet sich von *C. rehderiana* vor allem durch die unbehaarten Blätter und etwas größere Blüten. Zur gleichen Sektion (Viorna) gehört auch *C. veitchiana*. Alle sind robuste, spätblühende Arten, die durch ihre reizvollen, zierlichen Blüten einen besonderen Charakter erhalten.

Clematis 'Paul Farges'

Habitus: Starkwüchsig, bis 7 m hoch, Triebe stark gerippt, spärlich behaart. Zweige bräunlichgrün bis braunrot.

Blätter: Gefiedert, 25–35 cm lang, das untere Paar dreizählig, Blättchen 5–7, schmal- bis breit-eiförmig, spitz bis zugespitzt, an der Basis abgerundet bis keilförmig, grob gezähnt oder unregelmäßig gelappt, oberseits dunkelgrün, unterseits heller.

Blüten: Weiß, duftend, 2,5–5 cm breit, einzeln oder bis zu 7 in den Blattachseln der vorjährigen Zweige, an späteren Trieben auch entständig, Blütenblätter meist 6, ausgebreitet, schmal verkehrt-eiförmig, außen kahl, innen dicht und kurz behaart, Staubblätter zahlreich, cremegelb, 5–12 mm lang, Juni–September.

Früchte: Die kleinen, sterilen Nußfrüchte tragen lange, silbrig behaarte Griffeln.

Allgemeines: Die aus einer Kreuzung zwischen *C. potaninii* (= *C. fargesii*) × *C. vitalba* entstandene Form wird gegenwärtig unter dem Namen *C.* × *fargesioides* angeboten, der aber nach dem Internationalen Code der Nomenklatur für kultivierte Pflanzen als illegitim gilt. Deshalb wurde von de Laar 1990 der neue Name eingeführt, zur Erinnerung an den französischen Missionar und Pflanzensammler Paul Guillaume Farges, der 1912 in Tibet ermordet worden ist.

'Paul Farges' ist in Rußland und den Baltischen Staaten seit mehr als 30 Jahren bekannt. Die Hybride wurde 1964 von Volosenko-Valenis und M. Beskaravajnaja im Nikita Botanischen Garten, Yalta, Krim erzielt. 1985 kam sie nach Schweden und von dort zu uns. Die attraktive Form gilt als sehr winterhart, wüchsig, anspruchslos, gesund und sehr blühwillig.

Immergrüne Arten

Immergrüne Arten sind in ihren natürlichen Arealen wintermilder Witterung angepaßt. In Mitteleuropa halten einige nur in günstigen Lagen aus. Am besten sind sie in einem Kalthaus untergebracht. Sie sind nicht für den »Normalverbraucher«, eher für den passionierten Liebhaber seltener Arten von Interesse.

Clematis armandii Franch.
Armands Waldrebe

Habitus: Bis 5 m hoch kletternd.
Blätter: Immergrün, dreizählig, länglich-lanzettlich, 6 bis 12 cm lang, derb ledrig und glänzend, tief 3nervig.
Blüten: Weiß, im Verblühen rosa verfärbend, 3 bis 6 cm breit, 4 bis 6 Blütenblätter, fast aufrechtstehend in achselständigen Trugdolden am alten Holz. April–Mai.
Verbreitung: Zentral- und Mittel-China, 1907 eingeführt.
Allgemeines: *C. armandii* hält in England im allgemeinen gut aus, im Weinbauklima übersteht sie auch bei uns normale Winter. Voraussetzung dafür ist ein warmer, sonniger Platz, an dem ihre Triebe im Herbst gut ausreifen können. Notfalls schützt man die Pflanzen vor der winterlichen Sonneneinstrahlung durch vorgehängte Fichtenreiser. Als Frühjahrsblüher wird sie nur beschnitten, um beschädigte Triebe zu entfernen.

C. armandii fällt schon im Winter durch ihr glänzendgrünes Laub und die dicken Blütenknospen auf, im Frühjahr dann durch ihre Fülle weißer Blüten. Die beiden aus der Wildform selektierten Sorten sind dekorativer als die Art.

'Apple Blossom', Blütenblätter breit, weiß, rosa schattiert, Laub in der Jugend bronzegrün.

'Snowdrift', Blüten reinweiß, größer als beim Typ, Blätter dunkelgrün.

Clematis cirrhosa L.
Mittelmeer-Waldrebe

Habitus: Bis 3 m hoch kletternd, junge Triebe seidig behaart.
Blätter: Immergrün, dreizählig, zum Teil einfach, eiförmig, 2 bis 4 cm lang, grob kerbig gesägt bis dreilappig, oberseits stark glänzend.
Blüten: Gelblichweiß, breitglockig, 3 bis 5 cm breit, zu 1 bis 2 achselständig. Blütenblätter oval, außen weich behaart, unter den Blütenblättern ein aus zwei Hochblättern zusammengewachsener Kelchbecher, der allen anderen Arten fehlt. Januar–März.
Verbreitung: Heimisch im ganzen westlichen Mittelmeerraum, in Spanien, Algerien und Palästina.
Allgemeines: Die Art wurde in der späten Hälfte des 16. Jahrhunderts durch den französischen Arzt und Botaniker Carolus Clusius in Andalusien entdeckt und bald darauf in England eingeführt. In Mitteleuropa ist sie nur in geschützten Lagen des Weinbauklimas, wie z.B. im Botanischen Garten Mainz, ausreichend frosthart.

Abbildung
Clematis armandii
Seite 15

Auf Mallorca, Korsika und den Balearen kommt die Varietät *C. cirrhosa* var. *balearica* (Rich.) Willk. et Lange vor. Ihre Blätter sind stärker, fast farnartig fein zerteilt. Die Blüten sind wie bei der Art glockig und gelblichweiß, innen braunrot gefärbt. Die Varietät ist noch weniger frosthart als die Art.

'Freckles', Blüten bis 5 cm lang, duftend, creme- bis pinkfarben mit rötlicher Sprenkelung, Oktober bis Januar.

'Wisley Cream', Blüten bis 4 cm lang, duftend, cremefarben, Januar bis März, sehr wüchsige Sorte.

Clematis forsteri F. J. Gmel.
Forsters Waldrebe

Habitus: Bis 4 m hoch kletternd.

Blätter: Immergrün, dreizählig, Blättchen bis 7 cm lang, 5- bis 7nervig, lanzettlich bis breit-eiförmig, ganzrandig oder kerbig gesägt bis tief eingeschnitten, ledrig, glänzend apfelgrün.

Blüten: Meist zweihäusig, reingelb, einzeln oder zu 2 bis 6 in achselständigen Büscheln, nach *Verbena* duftend, sternförmig, die 5 bis 8 Blütenblätter 2–2,5 cm lang, lanzettlich oder schmallänglich, kahl oder seidig behaart. Dezember–November, in Europa im Juni.

Verbreitung: Neuseeland.

Allgemeines: In Kultur oft die starkwüchsige, männliche Sorte 'Tempo'. Sie hat etwa 4 cm breite, anfangs fahlgrüne, zuletzt weiße bis cremegelbe Blüten. In England häufiger in Kultur, in M-Europa im Freiland nicht ausreichend frosthart.

Clematis paniculata Gmel.
Neuseeländische Waldrebe

Habitus: Starkwachsende Kletterpflanze, in ihrer Heimat hohe Bäume überwachsend. Triebe gefurcht und weichhaarig.

Blätter: Immergrün, dreizählig, Blättchen eiförmig, 5 bis 8 cm lang, ganzrandig oder gelegentlich etwas gelappt.

Blüten: Zweihäusig, männliche Blüten

größer als die weiblichen, 5 bis 7 cm breit, weißlichgelb, in lockeren, achselständigen, bis 30 cm langen Rispen. Staubfäden gelblich, Staubbeutel rosa. Mai–Juni. Früchte mit langen, fedrigen Haarschweifen.

Verbreitung: Neuseeland.

Allgemeines: Entdeckt auf Kapitän Cook's erster Weltreise, wurde sie 1840 nach Europa eingeführt. Es ist eine besonders prachtvolle Art, die auch in England nur im milden Cornwall aushält. Sie kann bei uns nur im Gewächshaus gehalten werden.

Clematis parviflora Cunn.
Kleinblütige Waldrebe

Habitus: Bis 4 m hoch kletternd.

Blätter: Immergrün, 3zählig, bis 16 cm lang, Blättchen bis 7 cm lang, eiförmig, spitz oder stumpf, ganzrandig oder gesägt, gelegentlich tief gelappt bis eingeschnitten, dünn, gelbbraun behaart, vor allem unterseits.

Blüten: Zweihäusig, gelb, in achselständigen Büscheln, Blütenblätter 5 bis 8, bei weiblichen Blüten weniger, 1 bis 1,5 cm lang, dachziegelig stehend, schmal-länglich bis elliptisch-länglich, oberseits kahl, unterseits behaart. Oktober–November.

Verbreitung: Neuseeland.

Allgemeines: Besitzt eine ähnliche Frosthärte wie *C. forsteri*, hat aber weniger attraktive Blüten und wird auch in England viel seltener angeboten als *C. forsteri*.

Großblumige Clematis-Hybriden

Viel stärker als die Wildarten sind in unseren Gärten die Hybriden mit ihren großen und auffallend gefärbten Blüten vertreten. Die Bezeichnung Clematis-Hybriden besagt, daß es sich um Nachkommen aus Kreuzungen zwischen verschiedenen Arten handelt. Sie sind von Gärtnern und Züchtern mit dem Ziel durchgeführt worden, bessere und schönere Sorten zu erhalten. Die großblumigen Gartenhybriden konnten aber erst entstehen, nachdem farbenprächtige und großblumige Arten aus Ostasien nach Europa eingeführt worden waren.

Geschichte der Clematis-Züchtung

Nur wenige Wildarten sind am Zustandekommen unserer Clematis-Hybriden beteiligt. Neben den in Europa heimischen *Clematis viticella* und *C. integrifolia* sind es vor allem die aus China und Japan stammenden *C. florida, C. patens* und *C. lanuginosa*. Diese Arten sind im Kapitel »Wildarten« ausführlich beschrieben worden.

Clematis florida erreichte Europa schon 1776, nachdem sie von Carl Peter Thunberg in Japan entdeckt worden war. Sechzig Jahre später, 1836, brachte Phillip Franz von Siebold von seinem langjährigen Japanaufenthalt eine gefüllt blühende *C. florida*-Form heim, sie wurde 'Sieboldii' genannt. Im gleichen Jahr kam die in China und Japan heimische *C. patens* in die europäischen Gärten. Ihr folgte im Jahr 1850 *C. lanuginosa*, die als die wichtigste *Clematis*-Einführung gilt.

Die Züchtung von *Clematis* begann in England 1830 durch Henderson. Er kreuzte die beiden europäischen Arten *C. integrifolia* und *C. viticella* miteinander und erzielte *C. × eriostemon* 'Hendersonii', eine Hybride mit tiefblauer Blütenfarbe aber noch recht kleinen Blüten.

Europäische und ostasiatische Arten wurden zum ersten Male in Jackmans Baumschule in Woking in Surrey (England) miteinander gekreuzt. Jackman brachte Blütenstaub von *C. × eriostemon* 'Hendersonii' und *C. viticella* 'Atrorubens' auf Blüten von *C. lanuginosa*. Die Sämlinge kamen 1862 zum Blühen; aus ihnen wurde *C. × jackmanii* ausgelesen. Man kann das Kreuzungsergebnis nur als Volltreffer bezeichnen, denn *C. × jackmanii* gehört auch mehr als 100 Jahre nach ihrer Entstehung immer noch zu den populärsten großblumigen *Clematis*.

Nach diesem ersten großen Erfolg begann man auch an anderen Stellen in England und Frankreich mit der *Clematis*-Züchtung. Um möglichst großblumige Sorten zu erzielen, wurden vor allem *C. lanuginosa* mit *C. patens* gekreuzt. Bei Anderson-Henry in Edinburgh entstanden so unter anderem die lavendelfarbene 'Lawsoniana' und die reinweiße 'Henryi'.

In Frankreich wurden die ersten Hybriden 1865 im Baumschulzentrum Orleans und 1869 bei Victor Lemoine in Nancy erzielt.

Als produktivste Periode in der Züchtung von *Clematis* gilt die Zeit zwischen 1860 und 1880. Zu keiner Zeit kamen später wieder ähnlich viele neue Sorten heraus. Nicht wenige der heute noch hoch bewerteten Sorten stammen aus dieser Zeit, etwa 'Belle of Woking',

Entstehung von *Clematis × jackmanii* siehe auch Seite 67

'The President',
eine der besten
Sorten.
Beschreibung
Seite 98

Rechte Seite,
jeweils von links
nach rechts:
'Etoile de
Malicorne'
'Haku Ookan'
'Rouge Cardinal'
'Dr. Ruppel'
'Lasurstern'
'Barbara Jackman'

'Gipsy Queen', 'Nelly Moser' und 'The President'. Insgesamt umfaßt die Liste der großblumigen *Clematis* heute mehr als 500 Sorten.

Die bisher erfolgreichsten *Clematis*-Züchter waren: Jackman, Woking (rund 100 Züchtungen), Lemoine, Nancy (etwa 70), Ch. Noble, Sunningdale (etwa 60) und Cripps, Tunbrigde Wells (etwa 50). Neben französischen und englischen Baumschulen sind auch zwei deutsche Baumschulen zu erwähnen. Bei Goos & Koenemann in Niederwalluf entstanden nach 1900 einige wertvolle Sorten, zum Beispiel die beliebte 'Lasurstern'. Aus der bekannten Berliner Baumschule Späth stammt die violettblaue 'Elsa Späth', die ebenfalls heute noch in den Sortenlisten vertreten ist.

Nicht nur im vergangenen Jahrhundert, auch in den letzten Jahrzehnten sind an verschiedenen Stellen neue *Clematis*-Sorten entstanden. So werden zum Beispiel in der Versuchsanstalt für Baumschulen in Boskoop, Holland, seit mehr

als 40 Jahren Züchtungsprogramme mit *Clematis* durchgeführt.

Die zunächst angestellten Resistenzzüchtungen zur Ausschaltung der Clematis-Welke führten nicht zum gewünschten Erfolg.

Seit 1950 behandelt man Keimpflanzen mit Colchicin, um tetraploide Pflanzen mit größeren Blüten zu erhalten (bei der Gattung *Clematis* herrscht Diploidie vor). Auf diese Weise entstand 1960 die Sorte *Clematis montana* 'Tetrarosa' (siehe Seite 71).

Gegenwärtig wird versucht, gelbblühende Hybriden mit großen und aufrechtstehenden Blüten zu erzielen. Ein Produkt dieses Züchtungsprogramms ist *C. tangutica* 'Aureolin' (siehe Seite 71). Nach weiteren gelbblühenden Sorten wird gesucht. Schließlich ist man bestrebt, in kleinblütige Wildarten mit weißen Blüten wie *C. vitalba* und *C. recta* neue Blütenfarben einzubringen.

Clematis-Züchtung wird gegenwärtig in größerem Umfang bei Johnson in

Schweden und bei Noll und Francak in Polen betrieben, aber auch in England und Japan, nicht zuletzt auch in Deutschland, in der Clematis-Baumschule von F. Westphal.

Gezüchtet werden gegenwärtig Sorten mit mittelgroßen bis kleinen Blüten, die meist reicher und länger blühen als Sorten mit besonders großen Blüten.

Einteilung der großblumigen Clematis-Hybriden

Clematis-Hybriden werden oft in Gruppen eingeteilt, die nach einem Elternteil benannt sind, dessen Erbgut sie in sich tragen. Die Zugehörigkeit zu einer bestimmten Gruppe gibt Hinweise auf Wuchs und Blühverhalten der Sorte und auf etwa notwendige Schnittmaßnahmen.

Van de Laar hat die großblumigen *Clematis*-Sorten 1985 aus Anlaß einer Sortimentsüberprüfung in Holland in sechs Gruppen eingeteilt. Ihre Benennung bezieht sich auf die am Zustandekommen der Sorten beteiligten Arten, nämlich die europäische *C. viticella*, die drei ostasiatischen *C. florida, C. patens* und *C. lanuginosa*, die Hybride *C. × jackmanii* (sie wurde besonders häufig für Kreuzungen benutzt) und die in Texas heimische *C. texensis. C. texensis* ist mit ihren Sorten im Kapitel »Wildpflanzen« auf der Seite 63 beschrieben worden. Mit ihren vergleichsweise kleinen Blüten, die noch den Charakter von Wildpflanzen haben, gehören sie nicht zu den großblumigen Hybriden im eigentlichen Sinn. Das gilt auch für einige Sorten von *C. viticella*, die ihrer Stammart recht ähnlich sind und eher durch Mutationen innerhalb der Art entstanden sind, im Gegensatz zu den großblumigen Hybriden, an deren Zustandekommen *C. viticella* durch Einkreuzungen beteiligt ist.

Einteilung der großblumigen Hybriden

Gruppe	Blüten entstehen	Blütenverteilung	Blütezeit
Florida	an alten oder ausgereiften Trieben	meist einzeln und achselständig	(Mai–)Juli–September
Jackmanii	an jungen Trieben	durch eine lange Zeit sehr zahlreiche Blüten	(Juli–)August–September
Lanuginosa	an kurzen Seitenzweigen alter und junger Triebe	über die ganze Pflanze verteilt einzelne, oft große Blüten	Juli–Juli, bis Oktober nachblühend
Patens	an alten oder ausgereiften Trieben	meist einzeln und endständig	(Mai–)Juni–September
Texensis	an jungen Trieben	durch eine lange Zeit sehr zahlreiche Blüten	Juli–September
Viticella	an jungen Trieben	sehr zahlreiche Blüten, die in ziemlich kurzer Zeit verblüht sind	Juli–September (–Oktober)

Großblumige Hybriden
nach Farbgruppen und Blütezeiten geordnet

Farbe	Mai/Juni	Juni/Juli	Juli/September
Weiß	'Alabast' 'James Mason' 'Miss Batemann' 'Snow Queen'	'Bella' 'Cassiopeia' 'Edith' 'Madame le Coultre' 'Henry'	'Jackmanii Alba' 'John Huxtable' 'Schneeglanz'
Rahmweiß	'Duchess of Edinburgh' 'Gilian Blades' 'Mrs. George Jackman'		
Gelblichweiß	'Moonlight' 'Wada's Primrose'		
Violettweiß, mattviolett	'Dawn' 'Gladys Picard	'Kasugai'	'Huldine' 'Yukikomachi'
Hellrosa, lilarosa, purpurrosa	'Anna' 'Hanagurama' 'Peveril Pearl' 'Veronika's Choice' 'Miss Crawshay'		'Caroline' 'Pink Fantasy'
Rosa	'Belle of Woking' 'Königskind rosa'		'Comtesse de Bouchard' 'Hagley Hybrid' 'Margaret Hunt' 'Mrs. Spencer Castle'
Dunkelrosa	'Corona' 'Horn of Plenty' 'Proteus' 'Ulrique'		'Twilight'
Rot			'Allanah' 'Rouge Cardinal' 'Monte Cassino'
Dunkelrot, weinrot		'Crimson King' 'Guiding Star'	'Madame Julia Correvon' 'Madame Edouard Andrew' 'Niobe' 'Vino'
Purpurrot, purpurviolett, rötlichviolett lilaviolett	'Herbert Johnson' 'Richard Penell' 'Royalty'	'Kacper' 'Maureen'	'Colette Deville' 'Ernest Markham' 'Luther Burbank' 'Neodynamia' 'Margot Koster' 'Royal Velours' 'Rüütel' 'Victoria' 'Ville de Lyon' 'Venosa Violacea' 'Voluceau' 'Warszawska Nike' 'Yubileinyi 70'

Farbe	Mai/Juni	Juni/Juli	Juli/September
Hellpurpurn	'Kathleen Dunford'		'Dorothy Walton'
Violettblau, blauviolett, lilablau	'Andrew' 'Maria Louise Jensen' 'Mrs. James Mason' 'Multi Blue' 'Torleif' 'Vyvyan Penell'	'Elsa Späth' 'Prins Hendrik' 'Rhapsodie' 'Violet Charm'	'Blekitny Aniol' 'Lady Betty Balfour'
Dunkel- bis purpurblau, dunkelviolett	'Beauty of Worchester' 'Karin' 'Wilhelmina Tull'		'Etoile Violet' 'Gipsy Queen' 'Jackmanii Superba' 'Romantica' 'Star of India' 'The President' 'Viola'
Hellblau, himmelblau, königsblau	'Alice Fisk' 'Blue Diamond' 'Countess of Lovelace' 'H. F. Young' 'Kathleen Wheeler' 'Königskind' 'Lady Londesborough' 'Mrs. P.B. Truax' 'Sir Garnet Wolseley' 'Annabel'	'Belle Nantaise' 'Blue Gem' 'Chalcedony' 'Fujimusume' 'General Sikorski' 'Hybrida Sieboldia' 'Lady Northcliff' 'Lawsoniana' 'Mrs. Cholmondely' 'Mrs. P.T. James' 'Silver Moon' 'W.E. Gladstone' 'William Kennet'	
Blau	'Haku Ookan' 'Lasurstern'	'Yvette Houry'	'Ascotiensis' 'Perle d'Azur'
Rosa/ dunkler gestreift	'Bees Jubilee' 'Capitaine Thuilleaux' 'Dr. Ruppel' 'Joan Picton' 'Nelly Moser'	'Fairy Queen' 'Hidcote Purple'	'John Paul II'
Rosarot/ weiß gestreift	'Asao'		
hellblau/ violett gestreift			'Prince Charles'
Violett- bis bläulich weiß, dunkler gestreift	'Etoile de Paris' 'Fair Rosamond'	'Boskoop Beauty'	
Violett bis violettblau/ dunkler gestreift	'Barbara Jackman' 'Marcel Moser' 'Mrs. N. Thompson' 'Phoenix' 'Trianon' 'Xerces'	'Edomurasaki' 'Sealand Gem' 'Violetta'	'Serenata'

Farbe	Mai/Juni	Juni/Juli	Juli/September
Hellpurpurn/ dunkler gestreift	'Imperial'		
Hellviolett/ rosa gestreift	'Natascha' 'Violetta'		
Rosa/dunkel- rosa gestreift	'Lincoln Star'	'Carnaby' 'John Warren'	
Hellrot/ dunkelrot gestreift	'Barbara Dipley'		
Purpurn bis purpurrot/ dunkler gestreift	'Percy Picton'		'Kardynal Wyszynski' 'Madama Grange'

Das Clematis-Sortiment

Von den bekannten *Clematis*-Sorten werden gegenwärtig erstaunlich viele kultiviert. Zwar wird man in einer normal sortierten Baumschule vergleichsweise wenige Sorten bekommen, Liebhabern steht aber der Weg in Spezialbetriebe offen.

Von 1982 an wurden durch die »Koninklijke Vereniging voor Boskoopse Culturen« alle in den Niederlanden vorhandenen Clematis-Sorten gesammelt und überwiegend in der »Proefstation voor de Boomtelt« in Boskoop, teilweise auch in den öffentlichen Grünanlagen der Stadt, aufgepflanzt.

Bewertete Sorten erhalten üblicherweise die Prädikate »ausgezeichnet«, »sehr gut« und »gut«. Außerdem gibt es eine Kennzeichnung bei der Eignung für Spezialzwecke und einen Hinweis, wenn die Sorte entbehrlich ist.

Die überprüften Sorten wurden nicht mit einer Gesamtwertung bedacht, vielmehr wurden Zierwert und Wuchs getrennt bewertet. Bei der Beurteilung des Zierwertes wurde nur die Attraktivität der Blüten berücksichtigt, bei der Beurteilung des Wuchses das Wachstum in der Baumschule und am späteren Standort sowie der Schwierigkeitsgrad bei der Vermehrung. Gegenwärtig werden in Holland großblumige Clematis-Hybriden überwiegend durch Stecklinge vermehrt, stehen also auf eigenen Wurzeln.

In Deutschland fehlt gegenwärtig eine umfassende Sortimentsüberprüfung. Obwohl man die holländischen Bewertungen nicht unbedingt auf deutsche Verhältnisse übertragen kann, denn sie entstanden unter den günstigen klimatischen Bedingungen im ozeanisch beeinflußten West-Holland, sind sie ein wertvoller Hinweis auf den Gartenwert einer Sorte.

Die Auswahl in diesem Buch ist ganz bewußt weit gefaßt worden, um dem *Clematis*-Liebhaber einen Überblick über das aktuelle Sortiment zu ermöglichen.

Die Abstammung der Sorten ist oft sehr komplexer Natur, nicht selten sind ihre Eltern schon Hybriden. Die Einteilung erfolgt nach praktischen Gesichtspunkten in drei Gruppen, die sich an der Blütezeit der Sorten orientieren. Damit decken sie sich mit den notwendigen Schnittmaßnahmen, die in dieser Weise auf Seite 28 besprochen worden sind. Über Verwendung und Standortansprü-

Rechte Seite:
'Asao' (links)
'Bees Jubilee'
(rechts)
'Capitaine
Thuilleaux' (unten)

Abbildung
'Alice Fisk' Seite 11

Abbildung
'Barbara Jackman'
Seite 85

che ist auf den Seiten 31 und 18 berichtet worden.

Zur Beurteilung der Blüten ist zu sagen, daß die Blütengröße großen Schwankungen unterworfen sein kann. Sie ist abhängig vom Alter und der Wüchsigkeit der Pflanzen, aber auch vom Zeitpunkt der Blütenentwicklung. Junge und wüchsige Pflanzen haben größere Blüten als ältere; auch Blüten, die sich im Spätsommer entwickeln, sind kleiner als früher entstandene Blüten, das gilt vor allem für jüngere Pflanzen. Junge Pflanzen haben oft eine geringere Zahl an Blütenblättern (Tepalen) als ältere. Die Angabe der Blütenfarbe gilt für junge, gerade geöffnete Blüten.

Bei der Beschreibung der Sorten auf den folgenden Seiten werden, soweit bekannt, Züchter (oder Kultivatcur), Jahr der Entstehung und Gruppenzugehörigkeit vermerkt, außerdem die Ergebnisse der holländischen Sortimentsüberprüfung. Bei den Angaben zur Wuchshöhe wird unterschieden in schwachwüchsig (bis etwa 2 m hoch), mäßig stark (2,5 bis 3,5 m hoch) und stark (über 4 m hoch). Die meisten Sorten sind mäßig stark wachsend.

Die Beurteilung und Beschreibung der ausschließlich pastellartigen Blütenfarben hängt oft von der Belichtung und vom individuellen Eindruck des Betrachters ab.

Blütezeit Mai–Juni, mitunter bis September nachblühend

Die Sorten gehören der Patens- und der Florida-Gruppe an, blühen also an Kurztrieben der vorjährigen Zweige. Neue Triebe werden erst am Ende der Hauptblütezeit gebildet, im Spätsommer erscheinen daran in geringem Umfang neue Blüten.

'Alabast' (Poulsen, Dänemark, 1970, Florida-Gruppe)
Blüten weiß, 15 bis 17 cm breit, Blütenblätter 6, erste Blüten gefüllt. Wuchs mäßig stark.

'Alice Fisk' (Fisk, England, 1967, Patens-Gruppe)
Blüten violettblau, hellblau verblühend, 16 bis 18 cm breit. 6 Blütenblätter, am Rand gewellt. Staubgefäße dunkel purpurn. Wuchs schwach bis mäßig stark.

'Andrew' (Johnson, Schweden, 1952, Patens × Lanuginosa)
Blüten blauviolett, 15 bis 20 cm breit, Blütenblätter 8. Wuchs schwach.

'Anna' (Johnson, Schweden, 1974, Patens-Gruppe)
Blüten hellrosa, in der Mitte dunkler, 12 bis 15 cm breit, die 6 bis 8 Blütenblätter gewellt, Staubgefäße purpurn. Wuchs mäßig stark.

'Annabel' (Pennell, England, vor 1988, Patens-Gruppe)
Blüten hellblau mit weißer Mitte, 15 bis 20 cm breit, Blütenblätter 6, Staubgefäße cremefarben. Wuchs mäßig stark.

'Asao' (Japan, eingeführt von Fisk vor 1988, Patens-Gruppe)
Blüten rosarot mit weißen Streifen, 15 bis 20 cm breit, halbgefüllt, Blütenblätter 6–8, etwas zurückgeschlagen, Staubgefäße braun. Wuchs mäßig stark.

'Barbara Dibley' (Jackman, England, 1949, Patens-Gruppe)
Blüten petunienrot mit dunklerem Mittelband, 15 bis 17 cm breit. 6 bis 8 Blütenblätter, schmal, nicht überlappend. Staubgefäße schwarzrot. Blätter meist dreizählig. Wuchs stark. Schöne, reichblühende Sorte, ähnlich wie 'Nelly Moser', aber reicher blühend.

'Barbara Jackman' (Jackman, England, 1952, Patens-Gruppe)
Blüten dunkelviolett, Mittelstreifen magentarot, später verblassend, 12 bis 15 cm breit. 6 (–8) Blütenblätter, breitoval, überlappend. Staubgefäße rahmweiß. Blätter meist ungeteilt, groß, dunkelgrün. Wuchs hoch. Zierwert gut, Wuchs sehr gut.

'Beauty of Worchester' (Smith, 1890, Patens-Gruppe)
Blüten tief dunkelblau mit leicht purpurnem Hauch, außen rötlich, 12 bis 18 cm

breit, Blütenblätter 6, eiförmig, vorne scharf zugespitzt, sich an der Basis überlappend, erste Blüten gefüllt, Staubgefäße cremeweiß. Reichblühend. Wuchs schwach.

'Bees Jubilee' (Bees, England, 1958, Patens-Gruppe)
Blüten hellrosa mit tiefrotem Mittelfeld, im Verblühen stark verblassend, 15 bis 18 cm breit. Staubgefäße braunrot bis hellbraun. (6–) 8 Blütenblätter, verkehrteiförmig, teilweise überlappend. Blätter meist einfach. Wuchs mäßig hoch. Eine mäßig reichblühende, wüchsige Sorte, gilt als Verbesserung von 'Nelly Moser'. Zierwert sehr gut, Wuchs sehr gut.

'Belle of Woking' (Jackman, England, 1875, Florida-Gruppe)
Blüten rosa mit silbrigem Glanz, 10 bis 18 cm breit, Blütenblätter 6, teilweise mit grünen Streifen, erste Blüten mit 8 Blütenblättern leicht gefüllt. Wuchs mäßig stark.

'Blue Diamond' (Picton, England, 1971, Patens-Gruppe)
Blüten himmelblau, 15 bis 20 cm breit, Blütenblätter 6 bis 8, zur Spitze hin aufwärts gebogen, an den Rändern leicht gewellt, Staubgefäße groß, cremefarben. Wuchs mäßig stark.

'Capitaine Thuilleaux' (Fisk, England, vor 1970, Patens-Gruppe)
Blüten schwach hellrosa mit purpurrosa Mittelband, später ausbleichend, 10 bis 16 cm breit. Staubgefäße dunkel violettrot. (6–) 8 Blütenblätter, schmal-oval, am Rand gewellt, Blätter dreizählig. Wuchs mäßig hoch bis hoch. Eine reichblühende Sorte mit dünnen Trieben. Blüten schöner als die von 'Nelly Moser' und weniger stark ausbleichend. Zierwert sehr gut, Wuchs gut.

'Corona' (Lundel, Schweden, 1972, Patens-Gruppe)
Blüten dunkel karminrosa, leuchtend, 12 bis 14 cm breit. Staubgefäße dunkelrot. 6 Blütenblätter, sich überlappend. Wuchs niedrig, kompakt. Schöne, reichblühende Sorte, die 1972 in England durch Treasures of Tenbury Ltd. in den Handel gebracht wurde.

'Countess of Lovelace' (Jackman, England, 1874, Patens-Gruppe)
Blüten lilablau, im Verblühen blasser werdend, 15 cm breit. Zunächst rosettenartig dicht gefüllt, später mit 6, nicht überlappenden Blütenblättern. Staubgefäße weißlichgelb. Wuchs mäßig hoch.

'Daniel Deronda' (Noble, England, 1882, Patens-Gruppe)
Blüten tief violettblau, später etwas heller, 15 bis 18 cm breit. Staubgefäße gelb. Zunächst halbgefüllt, später mit 6 ovalen, sich kaum überlappenden Blütenblättern. Blätter einfach oder dreizählig, im Austrieb tief bronzegrün. Wuchs mäßig hoch. Wird durch die in der Blütenfarbe ähnliche 'The President' übertroffen. Vom Zierwert entbehrlich, Wuchs gut.

'Dawn' (Patens-Gruppe, 1877)
Blüten perlmuttartig weiß. 10 bis 15 cm breit, Staubgefäße rot. (6–) 8 Blütenblätter. Im Herbst Fruchtstände auffallend gut entwickelt. Wuchs schwach und kompakt.

'Dr. Ruppel' (Fisk, England, 1975, Patens-Gruppe)
Blüten weißrosa mit purpurrosa Mittelband, im Verblühen heller werdend, 15 bis 18 cm breit. Staubgefäße braunrot. (6–) 8 Blütenblätter, oval, schwach überlappend. Blätter einfach bis dreizählig. Wuchs mäßig hoch. In Argentinien entstandene Sorte mit besonders schöner Blütenfarbe, ein guter Ersatz für die heller gefärbte 'Nelly Moser'. Zierwert ausgezeichnet, Wuchs ausgezeichnet.

'Duchess of Edinburgh' (Jackman, England, 1874, Florida-Gruppe)
Blüten rahmweiß bis weiß, 12 bis 14 cm breit. Im Frühjahr rosettenartig gefüllt, später weniger stark gefüllt. Blütenblätter nicht selten grün oder grüngelb gefärbt und unvollständig entwickelt. Blätter meist einfach, bisweilen schwach gelappt. Wuchs mäßig hoch. Alte Sorte, die wegen ihrer gefüllten weißen Blüten noch immer begehrt ist. Zierwert sehr gut, Wuchs sehr gut.

'Etoile de Malicorne' (Girault, Frankreich, vor 1968, Patens-Gruppe)

Links:
'Kathleen Dunford'
Rechts:
'Ernest Markham'

Links:
'Nelly Moser'
Rechts: 'Duchess of
Edinburgh', Blüten
kurz vor der
Entfaltung, deshalb
noch nicht voll
ausgefärbt

Blüten violettweiß mit violettpurpur Mittelband, später stark verblassend, 12 bis 14 cm breit. Staubgefäße dunkel purpurrot. 6 Blütenblätter, oval. Blätter groß, meist einzeln oder dreizählig. Wuchs mäßig hoch. Zierwert sehr gut, Wuchs sehr gut.

'Etoile de Paris' (Christen, Frankreich, vor 1934, Patens-Gruppe)
Blüten violettblau mit violettroten Streifen, später blau, 13 bis 16 cm breit. Staubgefäße schwarzrot. 8 (–9) Blütenblätter, zugespitzt, sich leicht überlappend. Wuchs mäßig stark. Schöne Sorte mit auffallenden Staubgefäßen.

'Fair Rosamond' (Jackman, England, 1871, Lanuginosa-Gruppe)
Blüten zart bläulichweiß mit schmalem, weinrotem Mittelband oder anfangs blaßrötlich und rasch in perlweiß übergehend, 10 bis 14 cm breit, duftend, Blütenblätter 6 bis 8, lang zugespitzt, sich an der Basis leicht überlappend, Staubgefäße dunkel purpurrot. Wuchs mäßig stark. Blüte reichlich, aber nur einmal.

'Gilian Blades' (Fisk, England, 1975, Patens-Gruppe)
Blüten weiß mit cremefarbenen Streifen, 10 bis 15(-20) cm breit, Blütenblätter 6 bis 8, lang, flach ausgebreitet, Staubgefäße goldgelb.

'Gladys Picard' (Fisk, England, 1975, Patens-Gruppe)
Blüten blauweiß mit dunkleren Streifen, 16 bis 20 cm breit. Staubgefäße auffallend purpurfarben, die 6 bis 8 Blütenblätter sich an der Basis überlappen, vorne zugespitzt.

'Haku Ookan' (Japan, 1974, Florida-Gruppe)
Blüten intensiv violettblau, 13 bis 17 cm breit. Staubgefäße auffallend hellgelb. Zunächst halbgefüllt, später mit 6 bis 8, sich leicht überlappenden, zugespitzten Blütenblättern. Blätter einfach bis dreizählig, ziemlich groß, dunkelgrün. Wuchs mäßig stark. Durch den starken Kontrast zwischen Blütenfarbe und Staubgefäßen eine interessante Sorte.

'Hanagurama' (Japan, Patens-Gruppe)
Blüten purpurrosa, außen deutlich heller,

10 bis 12 cm breit, Blütenblätter 8, Staubgefäße hellgelb.

'Herbert Johnson' (Pennell, England, 1973, Patens-Gruppe)
Blüten rötlichviolett, zur Mitte hin dunkler, 14 bis 18 cm breit, Blütenblätter 8, breit und sich überlappend, Stabgefäße rotbraun. Wuchs mäßig stark. Reichblühend aber nicht besonders auffallend.

'H.F. Young' (Pennell & Sons, England, 1962, Patens-Gruppe)
Blüten wedgewoodblau, 12 bis 18 cm breit. Staubgefäße hellgelb. Wuchs mäßig hoch. Sehr schön und reichblühend, gilt als eine der besten blauen Sorten.

'Horn of Plenty' (Maarse, Holland, 1962, Patens-Gruppe)
Blüten tief rosa-malvenfarben, 18 bis 20 cm breit. Staubgefäße dunkel purpur. 8 Blütenblätter, sehr breit, sich überlappend. Wuchs breit und mäßig stark. Hübsche, reichblühende Sorte.

'Imperial' (Johnson, Schweden, 1955, Patens-Gruppe)
Blüten hellpurpurn mit dunkleren Mittelstreifen, 10 bis 16 cm breit, Blütenblätter 8, gewellt, erste Blüten oft halbgefüllt, Staubgefäße purpurviolett. Wuchs mäßig stark.

'James Mason' (Fretwell, England, 1984, Patens-Gruppe)
Blüten weiß, bis 20 cm breit, Blütenblätter 8, in eine feine Spitze auslaufend, gewellt und etwas zurückgeschlagen, sich weit überlappend, Staubgefäße dunkelbraun. Wuchs stark.

'Joan Picton' (Fisk, England, 1974, Patens-Gruppe)
Blüten blaß lilarosa mit blauweißen Streifen, 12 bis 15 cm breit. Staubgefäße purpurbraun. 6 bis 8 Blütenblätter, zugespitzt, sich leicht überlappend. Mäßig hoch. Reichblühende Sorte mit einer besonderen Blütenfarbe.

'Karin' (Johnson, Schweden, 1955, Patens-Gruppe)
Blüten purpurviolett, 14 bis 16 cm breit, Blütenblätter 8, gewellt, sich an der Basis überlappend, erste Blüten oft halbgefüllt. Staubgefäße dunkel purpurrot. Wuchs schwach.

Abbildung 'Haku Ookan' Seite 85

Links:
'Pink Fantasy'
Rechts:
'H.F. Young'

Links:
'Königskind'
Rechts:
'Maria Louise
Jensen'

'**Kathleen Dunford**' (Fisk, England, 1962, Florida-Gruppe)

Blüten hellpurpur mit rosa Schattierung und rosa Zeichnung, 14 bis 16 cm breit, im Frühjahr halbgefüllt. Staubgefäße purpurrot. 6 (bis 8) Blütenblätter, schmal bis breit-oval, zugespitzt, sich überlappend bis frei stehend. Blätter meist dreizählig. Wuchs mäßig hoch bis hoch. Blüten haben mehr oder weniger die gleiche »rosa« Farbe wie die von 'Dorothy Walton', die aber besser wächst. Zierwert gut, Wuchs sehr gut.

'**Kathleen Wheeler**' (Pennell, England, 1967, Patens-Gruppe)

Blüten sehr hell violettblau mit schma-len, hellpurpurfarbenen Streifen, 15 bis 18 cm breit. Staubgefäße dunkel braunrot. 6 bis 7 Blütenblätter, elliptisch bis breit-oval, zugespitzt. Blätter (ein- bis) dreizählig und gelappt. Wuchs hoch.

'**Königskind**' (Westphal, Deutschland, 1990, Patens × Lanuginosa)

Blüten königsblau, 10 bis 15 cm breit, Blütenblätter 6, breit-eiförmig, sich an der Basis überlappend, Staubgefäße weißlich, an der Spitze purpurviolett. 'Königskind' zeichnet sich durch einen niedrigen, etwa 1,5 m hohen, kompakten Wuchs und durch eine reiche, lang andauernde Blüte aus. Sie ist besonders gut für eine Kultur in Töpfen geeignet.

Abbildungen
'Lasurstern'
Seite 85
'Maria Louise
Jensen'
Seite 95

'**Königskind rosa**' (Westphal, Deutschland 1994) Unterscheidet sich von 'Königskind' nur durch die malvenrosa Blüten.

'**Lady Londesborough**' (Noble, England, 1869, Lanuginosa-Gruppe)
Blüten blaßblau bis malvenfarben, am Rand kräftiger gefärbt, zu einem gleichmäßigen Silbergrau verblassend, 12 bis 15 cm breit, Blütenblätter 7 bis 8, breiteiförmig, vorne abgerundet mit feiner aufgesetzter Spitze, sich an der Basis breit überlappend, Staubgefäße tief purpurn. Wuchs mäßig stark.

'**Lasurstern**' (Goos & Koenemann, Deutschland, 1905, Patens-Gruppe)
Blüten violettblau, später etwas heller, 14 bis 18 cm breit. Staubgefäße gelblichweiß. (6–) 8 Blütenblätter, oval, sich überlappend. Blätter groß, meist einfach. Wuchs mäßig hoch bis hoch. Seit Jahrzehnten eine populäre Standardsorte. Zierwert ausgezeichnet, Wuchs gut.

'**Lincoln Star**' (Pennell, England, 1954, Patens-Gruppe)
Blüten prächtig hellrosa mit dunkelrosa Streifen, 12 bis 15 cm breit. Staubgefäße purpurrot. (6–) 8 Blütenblätter, oval, zu-

gespitzt. Sehr schöne Sorten vom 'Nelly Moser'-Typ, leider bleichen die Blüten in der Sonne sehr stark aus, der Rand verfärbt sich silbrig weiß.

'**Marcel Moser**' (Moser, Frankreich, 1896, Patens-Gruppe)
Blüten violettlila mit dunklerem Mittelband, Rückseite altrosa, 15 bis 18 cm breit. Staubgefäße dunkel purpur. 8 Blütenblätter, breit, sich überlappend. Schöne alte Sorte.

'**Maria Louise Jensen**' (Westphal, Deutschland, 1987, Lanuginosa × Patens)
Blüten blauviolett, auf der Rückseite weißlich, gefüllt bis halbgefüllt, Blütenblätter breit-eiförmig bis rundlich, am Rand kraus und teilweise aufgebogen, Staubgefäße hellrot. Wuchs kompakt. Gesund und sehr reichblühend.

'**Miss Bateman**' (Noble, England, 1871, Patens-Gruppe)
Blüten reinweiß, 11 bis 14 cm breit, etwas duftend. Staubgefäße violettrot. 8 Blütenblätter, breit oval, sich überlappend. Blätter meist dreizählig und schwach gelappt, selten einfach. Wuchs

'Mrs. N. Thompson'

mäßig hoch und kompakt. Alte Sorte, die nur noch selten kultiviert wird. Zierwert gut, Wuchs sehr gut.

'Miss Crawshay' (Jackman, England, etwa 1873, Patens-Gruppe)
Blüten zart lilarosa, 10 bis 12 cm breit. Staubgefäße gelb bis hellbraun. 6 Blütenblätter, erste Blüten im Frühjahr leicht gefüllt. Wuchs mäßig stark. Alte Sorte, die in England immer noch in Kultur ist.

'Moonlight' (Johnson, Schweden, 1947, Patens-Gruppe)
Blüten grell grünlichgelb, zu rahmgelb verblühend, 12 bis 15 cm breit, leicht duftend, Blütenblätter meist 8, länglich verkehrt-eiförmig, vorne fein zugespitzt bis ausgerandet, Staubgefäße cremegelb. Wuchs schwach, besonders für schattige Standorte geeignet.

'Mrs. George Jackman' (Jackman, England, 1873, Lanuginosa-Gruppe)
Blüten cremeweiß, 14 bis 18 cm breit, halbgefüllt, Blütenblätter 6 bis 8, breiteiförmig, spitz zulaufend, sich weit überlappend, Staubgefäße gelblichbraun. Wuchs mäßig stark.

'Mrs. James Mason' (Fretwell, England, 1984, Patens-Gruppe)
Blüten lebhaft violettblau mit samtig dunkelrotem Mittelband, bis 28 cm breit, Blütenblätter 8, fast kahnartig gewölbt, Ränder deutlich gewellt, erste Blüten mit mehreren Reihen lilafarbener Blütenblätter, Staubgefäße cremeweiß. Wuchs stark. Reichblühend.

'Mrs. N. Thompson' (Pennell, England, 1961, Patens-Gruppe)
Blüten tiefviolett mit purpurroten Streifen, 13 bis 15 cm breit. Staubgefäße dunkel purpurrot. 6 Blütenblätter, oval, wenig überlappend. Wuchs mäßig hoch. Zierwert sehr gut, Wuchs gut.

'Mrs. P. B. Truax' (vor 1975, Patens-Gruppe)
Blüten zart lilablau, 12 bis 16 cm breit. Staubgefäße hellgelb. 6 bis 8 (–10) Blütenblätter. Hübsche, früh- und reichblühende Sorte.

'Multi Blue' (Bouter & Zonen, Holland, 1986, Patens-Gruppe)
Blüten tief violettblau, stark gefüllt, mehr oder weniger ballförmig, 8 bis 10 cm breit, Blütenblätter 6 bis 7 mit einem

Abbildung
'Multi Blue'
Seite 99

ausgeprägten Kranz von Petaloiden (= zu Blütenblättern umgewandelte Staubgefäße), sie sind anfangs lilarot bis lilablau, später violettblau gefärbt. Im Gegensatz zu vielen anderen gefülltblühenden Sorten, sind bei 'Multi Blue' alle Blüten gefüllt. Blätter im Austrieb bronze getönt. Wuchs schwach, kompakt.

'Natascha' (Westphal, Deutschland, 1984)
Blüten hellviolett mit breitem rosa Mittelband, 10 – 12 cm breit, Blütenblätter 6, schmal-elliptisch, sich an der Basis nicht überlappend, Staubgefäße purpurn.

'Nelly Moser' (Moser, Frankreich, 1897, Patens-Gruppe)
Blüten hell rosalila mit rotem Mittelband, auf der Rückseite dunkler, 15 bis 18 cm breit. Staubgefäße rötlich. (6–) 8 Blütenblätter, schmal oval, nicht oder nur wenig überlappend. Blätter dreizählig, ziemlich klein. Wuchs mäßig hoch bis hoch. Immer noch eine der bekanntesten Sorten. Wird am besten im Halbschatten gepflanzt, weil die Blüten sonst leicht ausbleichen. Zierwert gut, Wuchs ausgezeichnet.

'Percy Picton' (Picton, England, 1956, Patens-Gruppe)
Blüten purpurrosa, Mittelstreifen dunkler, 15 bis 25 cm breit, Blütenblätter 6 bis 8, eiförmig-länglich, sich nicht überlappend, Staubgefäße gelb, an der Spitze tief purpurn. Wuchs schwach.

'Peveril Pearl' (Fretwell, England, 1979, Patens-Gruppe)
Blüten blaß lilarosa, entlang der Mittelader mit feinen rosa Streifen, 15 bis 20 cm breit, Blütenblätter 8, schmal-eiförmig, mit aufgesetzter Spitze, sich an der Basis überlappend, Staubgefäße lilabeigefarben. Wuchs mäßig stark. Sehr reichblühend.

'Phoenix' (Johnson, Schweden, 1958, Patens-Gruppe)
Blüten violett mit purpurnen Streifen, 15 bis 23 cm breit, Blütenblätter 6 bis 8, Staubgefäße grünlichweiß, an der Spitze purpurn. Wuchs schwach.

'Proteus' (Noble, England, 1876, Florida-Gruppe)

Blüten dunkelrosa, zu weißlichrosa verblühend, 12 bis 15(-20) cm breit, frühe Blüten pfingstrosenartig gefüllt, später mit 4 bis 6 schmalen, zu feinen Spitzen auslaufenden Blütenblättern, Staubgefäße gelb. Wuchs mäßig stark.

'Richard Pennell' (Pennell, England, 1974, Patens-Gruppe)
Blüten purpurrosa, zum Mittelband hin blasser werdend, 15 bis 20 cm breit, halbgefüllt, Blütenblätter 8, schmal- bis breit-eiförmig, zu einer stumpfen Spitze auslaufend, leicht gewellt, sich an der Basis deutlich überlappend, Staubgefäße rot, an der Spitze goldgelb bis gelb. Wuchs mäßig stark. Reichblühend.

'Royalty' (Lanuginosa × Patens, 1985)
Blüten rötlich purpurn, 15 bis 20 cm breit, anfangs halbgefüllt, später einfach, Staubblätter goldgelb. Wuchs mittelstark, kompakt. Eignet sich gut für eine Kultur in Töpfen.

'Sir Garnet Wolseley' (Jackman, England, 1874, Patens-Gruppe)
Blüten bläulich mit bronzefarbenem Schimmer und pflaumenblauem Mittelband. Staubgefäße dunkel purpur. 8 Blütenblätter.

'Snow Queen' (Keay, Neuseeland, 1983, Patens-Gruppe)
Blüten weiß mit bläulichem Hauch, 10 bis 20 cm breit, Herbstblüten oft mit rötlichen Streifen, Blütenblätter 6 bis 8, am Rand gewellt, Staubbeutel tief rötlich.

'The President' (Noble, England, vor 1877, Patens-Gruppe)
Blüten tief violettblau, am Rand dunkelblau, Unterseite heller, 14 bis 18 cm breit. Staubgefäße purpurrot. 6 bis 8 Blütenblätter, oval. Blätter einfach bis dreizählig, mäßig groß, dunkelgrün, junge Blätter bronzefarbig. Wuchs mäßig hoch. Wichtige Standardsorte. Zierwert ausgezeichnet, Wuchs ausgezeichnet.

'Torleif' (Lanuginosa-Gruppe, 1955)
Blüten blauviolett, Mittelstreifen an der Basis der Blütenblätter violettpurpurn, sich zur Spitze verlaufend, 12 bis 15 cm breit, Blütenblätter 5 bis 7, verkehrt-eiförmig, an der Basis stark verschmälert, Staubbeutel purpurn. Wuchs stark.

Abbildungen
'Nelly Moser'
Seite 93,
'The President'
Seite 84

Links:
'Multi Blue'
Rechts:
'Richard Pennell'

'Percy Picton'

'**Trianon**' (Girault, Frankreich, vor 1968, Patens-Gruppe)
Blüten blauviolett mit dunklerem Mittelstreifen, im Verblühen aufhellend, 12 bis 15 cm breit, Blütenblätter 6 bis 8, lang zugespitzt, Staubbeutel purpurn.

'**Ulrique**' (Patens-Gruppe, 1952)
Blüten rosaviolett mit dunklerer Mitte, 12 bis 18 cm breit. 6 Blütenblätter, an der Spitze zurückgebogen. Staubgefäße purpurrot.

'**Veronica's Choice**' (Pennell, England, 1973, Lanuginosa-Gruppe)
Blüten blaß lavendelfarben, rosalila schattiert und gestreift, 15 bis 20 cm breit, gefüllt, Blütenblätter zur Mitte hin kleiner und am Rand gekraust, Herbstblüten einfach, mit 8 Blütenblättern, Staubbeutel rahmweiß. Wuchs stark.

'**Violetta**' (Westphal, Deutschland, 1994)
Blüten hellviolett mit dunklerer Mitte, 15 bis 18 cm breit, Blütenblätter 6, eiförmig mit langer, aufgesetzter Spitze, sich an der Basis nicht überlappend, Staubgefäße purpurn.

'**Vyvyan Pennell**' (Pennell, England, 1958, Florida-Gruppe)
Blüten violettblau, auf der Rückseite rötlichviolett mit roten Streifen, später hellblau, 12 bis 15 cm breit. Staubgefäße hellgelb. Im Frühjahr sehr dicht gefüllt, im Herbst mit 6 ovalen, zugespitzten, sich überlappenden, am Rand gewellten Blütenblättern, heller gefärbt als im Frühjahr. Blätter meist einfach, stark herzförmig und sehr groß. Wuchs mäßig bis hoch. Gilt als die zur Zeit beste gefülltblühende Sorte. Zierwert ausgezeichnet, Wuchs sehr gut.

'**Wada's Primrose**' (Wada, Japan, 1979, Patens-Gruppe)
Blüten hell grünlichgelb, später rahmweiß mit zartgelben Mittelstreifen, 13 bis 17 cm breit. Staubgefäße hellgelb. 8 bis 10 Blütenblätter, länglich bis verkehrt eirund. Blätter hellgrün, Ranken purpurfarben. Es wird angenommen, daß es sich bei 'Wada's Primrose' um eine Selektion aus der in Japan heimischen Art *C. patens* handelt. In England kam 1968 die eben-

Abbildung
'Ulrique'
Seite 7

'Vyvyan Pennell',
die ersten Blüten
sind gefüllt, die
Nachblüte ist
ungefüllt, wie die
Abbildung Seite 26
zeigt

falls hellgelb blühende Sorte 'Moonlight' in den Handel. Sie ist auch unter dem Namen 'Yellow Queen' bekannt geworden und hat, im Gegensatz zu den flach ausgebreiteten Blüten von 'Wada's Primrose', leicht becherförmige Blüten. Sie wächst außerdem schlechter und ist deshalb weniger wertvoll.

'Wilhelmina Tull' (Lanuginosa-Gruppe) Blüten samtig dunkelviolett mit breitem, tief weinrotem Mittelstreifen, 15 bis 20 cm breit, Blütenblätter 4, verkehrteiförmig, stumpf zugespitzt, sich nicht überlappend, Staubbeutel goldgelb. Wuchs schwach.

'Xerces' (Noble, England, 1877, Patens-Gruppe) Blüten mit purpurnem Schimmer, 14 bis 20 cm breit, Staubgefäße dunkel violettrot. 6 bis 8 Blütenblätter, oval bis rautenförmig, sich überlappend. Wuchs mäßig hoch. Früh, ununterbrochen und reichblühend. Wird gelegentlich als Synonym von 'Elsa Späth' angesehen, die aber in Deutschland entstanden ist und zur Lanuginosa-Gruppe gehört. Zierwert gut, Wuchs gut.

'Violetta'

'Blue Gem'

Blütezeit Ende Juni und Juli, mitunter bis Oktober nachblühend

Die hier zu nennenden Sorten gehören vorwiegend der Lanuginosa-Gruppe an. Sie entwickeln ihren Hauptflor wie die Sorten der Patens- und Florida-Gruppe im Frühsommer an kurzen Seitenzweigen der vorjährigen Triebe. Im Gegensatz zu diesen Gruppen werden hier aber gleich vom Frühjahr an neue Triebe gebildet, an denen sich ebenfalls Blüten entwickeln und die das Blühen bis zum Herbst schubweise fortsetzen, naturgemäß in geringerem Umfang als bei der Hauptblüte im Frühsommer.

'Bella' (Kivistik, Estland 1982, Jackmanii-Gruppe) Blüten weiß, 15 cm breit, Blütenblätter 6, Staubgefäße purpurn. Wuchs kompakt.

'Edomurasaki'

Abbildung
'Blue Gem'
Seite 101

'Belle Nantaise' (Boisselot, Frankreich, 1887, Lanuginosa-Gruppe)
Blüten lavendelblau, bis 20 cm breit. Staubgefäße weiß, 6 bis 7 Blütenblätter, lang und spitz. Wuchs mäßig stark.

'Blue Gem' (Jackman, England, 1875, Lanuginosa-Gruppe)
Blüten himmelblau, 15 bis 20 cm breit. Staubgefäße dunkler. 7 bis 8 Blütenblätter, eirund, sich stark überlappend, in der Mitte mit markanten Streifen. Wuchs mäßig hoch.

'Boskoop Beauty' (Vermeulen, Holland, 1983, Lanuginosa-Gruppe)
Blüten hellblau, violettpurpur gestreift, im Verblühen stark ausbleichend, 15 bis 20 cm breit. Staubgefäße dunkel purpurrot. (4–) 6 Blütenblätter, oval, sich überlappend. Blätter meist einfach. Wuchs gedrungen, niedrig bis mäßig hoch. Sehr reichblühend. Zierwert sehr gut, Wuchs sehr gut.

'Carnaby' (Treasure, England, 1983, Lanuginosa-Gruppe)
Blüten himbeerrosa mit dunkelroten Streifen, 12 bis 18 cm breit. Staubgefäße goldbraun. (6–) 8 Blütenblätter, gewellt. Wuchs kompakt und mäßig hoch. Schöne, reichblühende Sorte, die in Amerika entstanden ist.

'Cassiopeia' (Johnson, Schweden, 1952, Lanuginosa-Gruppe)
Blüten weiß, 12 bis 16 cm breit, sternförmig, Blütenblätter 6 bis 8, Staubgefäße purpurn. Wuchs schwach. Reichblühend.

'Chalcedony' (Stachanan, 1984, Florida × Lanuginosa)
Blüten eisblau, alle Blüten mit 50 bis 60 Blütenblättern gefüllt, fast ballförmig, 10 bis 12 cm breit, spätere Blüten etwas kleiner und mit weniger Blütenblättern. Wuchs mittelstark.

'Crimson King' (Jackman, England, vor 1916, Lanuginosa-Gruppe)
Blüten weinrot, auf der Rückseite mit helleren Streifen, 15 bis 20 cm breit. Staubgefäße braun. 6 Blütenblätter. Wuchs mäßig hoch. Schöne alte Sorte für halbschattige Lagen.

Links:
'Guiding Star'
Rechts:
'Hidcote Purple'

'Edith' (Treasure, England, 1974, Lanuginosa-Gruppe)
Blüten reinweiß, 15 bis 20 cm breit. Staubgefäße auffallend dunkelrot. 6 bis 8 Blütenblätter. Blätter dreiteilig, mäßig groß. Wuchs mäßig hoch. Gute, reichblühende Sorte.

'Edomurasaki' (Arai, Japan, 1952, Lanuginosa-Gruppe)
Blüten dunkelviolett mit schmalem, hellrötlichem Mittelstreifen, 17 bis 22 cm breit, Blütenblätter 7 bis 8, sehr breiteiförmig mit aufgesetzter Spitze, sich breit überlappend, Staubbeutel rötlich purpurn. Wuchs mäßig stark.

'Elsa Späth' (Späth, Deutschland, 1891, Lanuginosa-Gruppe)
Blüten violettblau mit purpurfarbener Schattierung, 12 bis 18 cm breit. Staubgefäße violettrot. 6 bis 8 Blütenblätter, Wuchs mäßig hoch. Die später erscheinenden Blüten kleiner als die ersten. Alte, reichblühende Sorte.

'Fairy Queen' (Cripps, England, 1875, Lanuginosa-Gruppe)
Blüten fleischrosa mit dunklerem Mittelband, 15 bis 20 cm breit, Blütenblätter 6 bis 8, Staubbeutel dunkel purpurn. Wuchs mittelstark.

'Fujimusume' (Arai, Japan, 1952, Lanuginosa-Gruppe)
Blüten lavendelblau, 18 bis 22 cm breit, Blütenblätter 6 bis 7, oval bis verkehrt-eiförmig mit aufgesetzter Spitze, sich an der Basis überlappend, Staubbeutel grünlichgelb. Wuchs mäßig stark. Reichblühende Sorte mit nur wenig verblassenden Blüten.

'General Sikorski' (Fisk, England, 1980, Lanuginosa-Gruppe)
Blüten hell violettblau, im Verblühen hellblau, 15 bis 18 cm breit. Staubgefäße grünlichweiß. Blütenblätter breit rautenförmig, sich meist in der Mitte überlappend. Blätter einfach bis dreizählig, ziemlich groß. Wuchs mäßig hoch. Bei W. Noll in Polen entstandene, reichblühende Sorte mit einer schönen Blütenfarbe. Zierwert sehr gut, Wuchs gut.

'Guiding Star' (Cripps, England, 1866, Lanuginosa-Gruppe)
Blüten tief violettrot, 11 bis 13 cm breit. Staubbeutel dunkel purpur. 6 (–8) Blütenblätter, oval bis rautenförmig, sich mehr oder weniger überlappend. Blätter in der Jugend stark bronzefarben. Wuchs hoch. In Holland gelegentlich unter dem Namen 'Lilacina Floribunda' kultiviert. Zierwert gut, Wuchs ausgezeichnet.

'Henryi' (Anderson-Henry, Schottland, 1870, Lanuginosa-Gruppe)
Blüten reinweiß, 15 bis 18 cm breit. Staubgefäße braunrot. (7–) 8 Blütenblätter, breit-oval, sich überlappend. Blätter einfach bis dreizählig, dunkelgrün, Wuchs hoch. Die Blüten sind größer aber

Abbildung
'Edomurasaki'
Seite 101

Abbildungen
'Hidcote Purple'
Seite 103,
'Mrs.
Cholmondeley'
Seite 106

weniger zahlreich als bei der ebenfalls weißen 'Madame Le Coultre'. Zierwert sehr gut, Wuchs sehr gut.

'Hidcote Purple' (Lanuginosa-Gruppe)
Blüten violettpurpurn mit purpurroten Streifen, Blütenblätter 6 bis 7, länglich-eiförmig, sich kaum überlappend, voll erblüht an den Seiten etwas nach unten gebogen, Staubbeutel dunkelpurpur. Wuchs mäßig stark.

'Hybrida Sieboldii' (Droog, Holland, 1887, Lanuginosa-Gruppe)
Blüten hellblau, 13 bis 17 cm breit. Staubgefäße dunkel purpurrot. 6 (–8) Blütenblätter, breit oval, sich überlappend. Blätter meist einfach, ziemlich groß. Wuchs mäßig hoch. Alte Sorte, die inzwischen von der ähnllichen 'William Kennett' und anderen hellblauen Sorten übertroffen wird. Vom Zierwert entbehrlich, Wuchs sehr gut.

'John Warren' (Pennell, England, 1968, Lanuginosa-Gruppe)
Blüten karminrosa bis weiß, mit karminrosa Streifen und schmalem dunklen Rand, 17 bis 20 cm breit. Staubgefäße dunkel braunrot. (6–) 8 Blütenblätter, sehr spitz, leicht gewellt. Wuchs mäßig hoch. Reichblühende Sorte mit einer aparten Blütenfarbe.

'Kacper' (Lanuginosa-Gruppe, um 1970)
Blüten tief magentarot, 15 bis 20 cm breit. 8 Blütenblätter, schmal-eiförmig, sich an der Basis überlappend, am Rand gewellt, Staubbeutel bräunlich-violett. Wüchsige Sorte mit schönen Blüten.

'Kasugai' (Japan, 1986, Lanuginosa-Gruppe)
Blüten mattviolett, 15 bis 16 cm breit, Blütenblätter 7 bis 8, Staubgefäße grünlichgelb.

'Lady Northcliffe' (Jackman, England, vor 1906, Lanuginosa-Gruppe)
Blüten lavendelblau, Staubgefäße gelb. 6 Blütenblätter, oval, zugespitzt, sich überlappend, an den Rändern nach oben gebogen. Blätter meist dreizählig, ziemlich groß, dunkelgrün. Wuchs niedrig, kompakt. Reichblühende Sorte mit einer prächtigen blauen Blütenfarbe. Zierwert ausgezeichnet, Wuchs gut.

'Lawsoniana' (Anderson-Henry, Schottland, 1870, Lanuginosa-Gruppe)
Blüten hell violettblau, später heller, 17 bis 24 cm breit. Staubgefäße hell braunrot. 6 bis 8 Blütenblätter, schmal-oval, zugespitzt, nicht oder nur wenig überlappend. Blätter einfach bis dreizählig und gelappt, ziemlich groß. Wuchs hoch. Alte Sorte, aber mit der schönen hellblauen Blütenfarbe noch immer wertvoll. Die Sorte hat auch in der Nachblüte ungewöhnlich große Blüten. Zierwert sehr gut, Wuchs ausgezeichnet.

'Madame Le Coultre' (Grootendorst, Holland, vor 1890, Lanuginosa-Gruppe)
Blüten reinweiß, 14 bis 17 cm breit. Staubgefäße zartgelb. 6 bis 8 Blütenblätter, oval, sich überlappend. Blätter meist einfach, herzförmig. Wuchs hoch. Wüchsige und reichblühende Sorte, gilt als schönste unter den weißen *Clematis*-Hybriden. Wird oft mit 'Marie Boisselot' verwechselt, die ebenfalls schon vor 1890 entstand. Beide Sorten sind aber nicht identisch. Zierwert und Wuchs ausgezeichnet.

'Maureen' (England, vor 1956, Lanuginosa-Gruppe)
Blüten samtig purpurrot, Mittelband purpurrot, 15 bis 18 cm breit, Blütenblätter 6, breit-eiförmig mit aufgesetzter Spitze, sich an der Basis überlappend, Staubbeutel grünlichbraun. Wuchs mäßig stark.

'Mrs. Cholmondeley' (Noble, England, 1873, Lanuginosa-Gruppe)
Blüten lavendelblau mit tiefer gefärbten Nerven, 15 bis 20 cm breit. Staubgefäße braunrot. 6 (bis 8) Blütenblätter, oval, abgerundet, zur Basis schmaler. Blätter meist dreizählig. Wuchs hoch bis sehr hoch. Blüht lange und besonders reich. Wächst in den ersten Jahren nur mäßig stark. Blüten leiden unter nassem und kaltem Wetter. Zierwert und Wuchs sehr gut.

'Mrs. P.T. James' (USA, 1965, Lanuginosa-Gruppe)
Blüten hell violettblau, im Verblühen sehr hellblau, 10 bis 13 cm breit. Staubgefäße gelb. 6 Blütenblätter, schmal ellip-

Links:
'Kacper'
Rechts:
'Lady Northcliffe'

'Madame
Le Coultre'

Links:
'Prins Hendrik'
Rechts:
'Rhapsody'

'Mrs.
Cholmondeley'

tisch. Blätter einfach oder dreizählig, in der Jugend bronzefarben. Wuchs hoch. Von Nachteil sind die dünnen, leicht brechenden Triebe. Wird von anderen »blauen« Sorten wie 'William Kennett' und 'Perle d'Azur' übertroffen. Vom Zierwert entbehrlich, Wuchs sehr gut.

'Prins Hendrik' (Rikjs Tuinbouwinterschool, Boskoop, 1908, Lanuginosa-Gruppe)
Blüten hell purpurblau, 18 bis 22 cm breit. Staubgefäße purpurrot. 6 (–7) Blütenblätter, breit-oval, sich überlappend, am Rand gewellt. Blätter meist einfach. Wuchs niedrig bis mäßig hoch. Blüten auffallend groß und schön, aber unbefriedigend wachsend und schwierig zu vermehren, deshalb in Holland mit »s« (für Spezialzwecke) bewertet.

'Rhapsody' (Watkinson's Clematis Nursery, Doncaster, South Yorkshire, England, 1992, unbekannter Sämling)
Blüten duftend, anfangs violettblau, später blauer werdend, 12 bis 14 cm breit, Blütenblätter 6, elliptisch mit kurzer, aufgesetzter Spitze, sich wenig oder nicht überlappend, Staubbeutel grünlichgelb. Wuchs stark. Reichblühend.

'Sealand Gem' (Bees, England, vor 1957, Lanuginosa-Gruppe)
Blüten lavendelblau mit dunkleren Streifen, 10 bis 14 cm breit. Staubgefäße hellbraun. 6 Blütenblätter, oval. Blätter meist

dreizählig, dunkelgrün und glänzend. Wuchs mäßig hoch bis hoch. Die Blütenfarbe dieser Sorte gilt als wenig ansprechend, 'Etoile de Malicorne' und 'Mrs. N. Thompson' haben attraktivere Blüten. Vom Zierwert entbehrlich, Wuchs gut.

'Silver Moon' (Picton, England, 1971, Lanuginosa-Gruppe)
Blüten sehr hell lavendelblau, heller, bis fast weiß verblühend, 14 bis 18 cm breit. Staubgefäße gelb. 6 (–8) Blütenblätter, oval, sich überlappend. Blätter meist dreizählig, ziemlich groß. Wuchs mäßig hoch. Neue Sorte mit eigenartigen, satinartigen, violettweißen Blüten, die am besten im Halbschatten steht. Zierwert ausgezeichnet, Wuchs sehr gut.

'Violet Charm' (England, 1966, Lanuginosa-Gruppe)
Blüten purpurblau, heller verblühend, 15 bis 18 cm breit. Staubgefäße dunkel violettrot. 6 (–8) Blütenblätter, oval, sich überlappend, leicht zurückgeschlagen. Blätter einfach. Wuchs niedrig bis mäßig hoch. Englische Sorte mit unbekannter Herkunft und sehr schönen Blüten. Zierwert ausgezeichnet, Wuchs gut.

'W. E. Gladstone' (Noble, England, vor 1881, Lanuginosa-Gruppe)
Blüten hell violettblau, später etwas heller, 18 bis 25 cm breit. Staubgefäße dunkel purpurrot. 6 bis 8 Blütenblätter, oval, stark überlappend. Blätter einfach oder

dreizählig, groß. Wuchs mäßig hoch bis hoch. Eine Sorte mit besonders großen Blüten. Der Pflanzplatz sollte vor Wind und starkem Regen geschützt sein. Zierwert ausgezeichnet, Wuchs gut.

'William Kennett' (Cobbett/Jackman, England, 1875, Lanuginosa-Gruppe) Blüten hell violettblau, im Verblühen etwas heller, 14 bis 18 cm breit. Staubgefäße dunkel purpurrot. 6 Blütenblätter, oval. Blätter einfach, sehr groß. Wuchs hoch. Lange und reichblühend, gehört zu den besten Sorten der Farbgruppe. Zierwert ausgezeichnet, Wuchs sehr gut.

'Yvette Houry' (Houry, Frankreich, um 1900, Lanuginosa-Gruppe) Blüten reinblau, 15 bis 18 cm breit. Staubgefäße gelb. Im Frühjahr gefüllt, später einfach und mit 6 bis 8 Blütenblättern. Wuchs kräftig und hoch.

Abbildungen
'Yvette Houry'
Seite 107,
'Comtesse de
Bouchaud' Seite 30,
'Ernest Markham'
Seite 34 und 93

Blütezeit Juli bis September und Oktober

Auch bei den Sorten dieser Gruppe (Jackmanii- und Viticella-Sorten) werden die Blüten an den jungen, diesjährigen Trieben angelegt und auch sie haben eine lange Blütezeit. Ihre Blüten sind aber nicht so groß wie die der vorigen Gruppe, sie erscheinen meist in Massen. Die Pflanzen werden jährlich stark zurückgeschnitten.

'Allanah' (Keay, Neuseeland, vor 1913 nach England eingeführt) Blüten glühend rubinrot, 15 bis 20 cm breit, Blütenblätter 6 bis 8, Staubgefäße dunkelbraun. Wuchs kompakt.

'Ascotinensis' (Züchter unbekannt, 1874, Jackmanii-Gruppe) Blüten leuchtendblau, 12 bis 15 cm breit, Blütenblätter 4 bis 6, eiförmig, lang zugespitzt, am Rand leicht gewellt und zurückgeschlagen, Staubbeutel grünlich. Wuchs mäßig stark. Ununterbrochen blühend.

'Blekitny Aniol' (= 'Blue Angel') (Franczak, Polen, vor 1989, Jackmanii-Gruppe)

Blüten lilablau, 8 bis 10 cm breit, Blütenblätter 4 bis 6, Rand fein gewellt, Staubblätter kurz, grünlichgelb. Wuchs stark. Schon junge Pflanzen sehr reich blühend. Wird in Holland als Verbesserung von 'Prince Charles' angesehen.

'Caroline' (Fretwell, England, 1988, Jackmanii-Gruppe) Blüten hellrosa, in der Mitte mit feinen, dunklen Streifen, Blütenblätter 4 bis 6, breit-elliptisch bis verkehrt-eiförmig, vorne stumpf mit aufgesetzter Spitze, sich überlappend, Staubgefäße gelb. Wuchs stark. Sehr reichblühend.

'Colette Deville' (Leroy, Frankreich, 1885?, Jackmanii-Gruppe) Blüten tief purpurrot, 15 bis 20 cm breit, Blütenblätter 6, schmal, sich nicht überlappend. Wuchs stark.

'Comtesse de Bouchaud' (Morel, Frankreich, 1900, Jackmanii-Gruppe) Blüten tiefrosa, später hellrosa, 8 bis 12 cm breit. Staubgefäße gelb. 6 Blütenblätter, gelegentlich 5 bis 7, schmal-oval, sich nur wenig überlappend. Blätter meist dreizählig. Wuchs hoch bis sehr hoch. Sehr reichblühende Sorte mit vergleichsweise kleinen Blüten. Sehr gute Sorte. Zierwert sehr gut, Wuchs ausgezeichnet.

'Dorothy Walton' (England, vor 1984, Jackmanii-Gruppe) Blüten hell purpur bis hell violettrot, 11 bis 14 cm breit. Staubgefäße braunrot. 6 Blütenblätter, gelegentlich 4, schmal-oval. Blätter dreizählig, gelegentlich leicht gelappt. Wuchs hoch. Besonders reich blühende und wüchsige, »rosa« Sorte. Von Nachteil ist, daß die Blüten bei nassem Wetter rasch abfallen. Zierwert und Wuchs ausgezeichnet.

'Ernest Markham' (Jackman, England, 1937, Jackmanii-Gruppe) Blüten samtig petunienrot, 11 bis 15 cm breit. Staubgefäße braunrot. 6 Blütenblätter, oval bis verkehrt-eiförmig, sich überlappend. Blätter meist dreizählig, junge Blätter grob gelappt. Wuchs mäßig hoch. In manchen Jahren anfällig gegenüber Krankheiten. Zierwert gut, Wuchs ausgezeichnet.

Links:
'Ascotinensis'
Rechts:
'Dorothy Walton'

'Huldine'

109

'Etoile Violette' (Morel, Frankreich, 1885, Viticella-Gruppe)
Blüten dunkel purpur, später blau-purpur, 6 bis 10 cm breit. Staubgefäße hellgelb. (4–) 6 Blütenblätter, breit-oval bis rautenförmig. Blätter meist dreizählig. Wuchs mäßig hoch. Wüchsige und reichblühende Sorte mit relativ kleinen Blüten. Zierwert sehr gut, Wuchs ausgezeichnet.

'Gipsy Queen' (Cripps, England, 1877, Jackmanii-Gruppe)
Blüten samtig dunkelpurpur mit rötlichen Adern, 13 bis 15 cm breit. Staubgefäße purpurrot. 6 Blütenblätter, selten 4 bis 5, breit-oval bis verkehrt-eiförmig. Blätter einfach bis dreizählig, junge Blätter stark gelappt. Wuchs mäßig hoch. Wüchsige Sorte mit langer Blütezeit, gehört immer noch zu den Standardsorten. Zierwert sehr gut, Wuchs ausgezeichnet.

'Hagley Hybrid' (Fisk, England, 1956, Jackmanii-Gruppe)
Blüten tiefrosa, später heller, 10 bis 14 cm breit. Staubgefäße purpurrot. 6 Blütenblätter, gelegentlich 5 bis 7, oval, an der Basis sich überlappend, am Rand zuweilen fein gekraust. Blätter meist dreizählig. Wuchs niedrig bis mäßig hoch. Gilt als eine der besten neueren Sorten. Sollte halbschattig stehen, weil die Blüten sonst zu stark ausbleichen. Zierwert und Wuchs ausgezeichnet.

'Huldine' (Morel, Frankreich, vor 1935, Viticella-Gruppe)
Blüten perlmuttweiß mit hell lilarosa Rückseite, 8 bis 10 cm breit. Staubgefäße grüngelb. (4–) 6 Blütenblätter, verkehrt-eiförmig, sich leicht überlappend, an der Spitze leicht zurückgeschlagen. Blätter dreizählig bis doppelt-dreizählig, mit vielen Übergangsformen, oft gelappt. Wuchs hoch bis sehr hoch. Die transparenten Blüten sind relativ klein, aber sehr zahlreich. Mit dem starken Wuchs gut zum Überranken von Sträuchern und kleinen Bäumen geeignet. Zierwert und Wuchs ausgezeichnet.

× *jackmanii* (Jackman, England, 1858, Jackmanii-Gruppe)
C. × *jackmanii* ist auf Seite 67 ausführlich beschrieben worden, deshalb hier nur die holländische Bewertung: Zierwert und Wuchs ausgezeichnet.

'Jackmanii Alba' (Noble, England, 1877, Jackmanii-Gruppe)
Vom Zierwert entbehrlich, Wuchs ausgezeichnet.

'Jackmanii Superba' (England, um 1880, Jackmanii-Gruppe)
Zierwert und Wuchs ausgezeichnet.

'John Huxtable' (Jackmanii-Gruppe, 1967)
Blüten weiß, 6 bis 9 cm breit. 4 bis 6 Blütenblätter. Staubgefäße gelb. Wuchs hoch.

'John Paul II' (Fisk, England, 1980, Jackmanii-Gruppe)
Blüten hell purpurrosa, dunkler gestreift, im Verblühen rahmweiß, 14 bis 16 cm breit. Staubgefäße tief purpurrot. 6 Blütenblätter, breit oval, sich überlappend. Blätter dreizählig. Wuchs hoch. Von dem Jesuitenmönch Stefan Franck in Polen gezogen, in England in den Handel gebracht. Unterscheidet sich von der ähnlichen 'Nelly Moser' durch besseren Wuchs und weniger verblassende Blüten. Zierwert sehr gut, Wuchs ausgezeichnet.

'Kardynal Wyszynski' (Franczak, Polen, 1983, Jackmanii-Gruppe)
Blüten hell purpurrot mit einem roten Mittelstreifen, 15 bis 18 cm breit, Blütenblätter 6, spatelförmig, mit schmaler, sich nicht überlappender Basis, Staubgefäße dunkel purpurbraun. Wuchs stark.

'Lady Betty Balfour' (Jackman, England, 1912, Jackmanii-Gruppe)
Blüten lebhaft purpurblau, später blau, 12 bis 16 cm breit. Staubgefäße rahmweiß. 6 Blütenblätter, zugespitzt. Blätter meist einfach, gelegentlich dreizählig, in der Jugend stark bronzefarben. Wuchs hoch bis sehr hoch. Wüchsige und reichblühende Sorte, die erst im September bis Oktober blüht und deshalb einen warmen, sonnigen Platz benötigt. Zierwert sehr gut, Wuchs ausgezeichnet.

'Luther Burbank' (Volosenko-Valensis, Yalta, 1962, Jackmanii-Gruppe)
Blüten purpurviolett, Mittelstreifen etwas heller, auf der Rückseite weißlich, 16 bis 20 cm breit, Blütenblätter 6, breit-

Links:
'Hagley Hybrid'
Rechts:
'Etoile Violette'

Clematis ×
pseudococcinea
'Duchess of Albany'
Beschreibung
Seite 64

Rechte Seite,
jeweils von links
nach rechts:
'Lady Betty Balfour'
'Luther Burbank'
'Niobe'
'Madame Julia
Correvon'
'Kardynal
Wyszynski'
'Prince Charles'

eiförmig, sich breit überlappend, Staubgefäße weißlichgelb.

'Madame Baron Veillard' (Dauvesse/Veillard, Frankreich, 1885, Jackmanii-Gruppe)
Blüten lilarosa, im Verblühen hellrosa, 11 bis 13 cm breit. Staubgefäße dunkel braunrot. (4 bis) 6 Blütenblätter, oval, etwas überlappend. Blätter meist dreizählig, gelegentlich fünf- bis siebenzählig, zart. Wuchs hoch bis sehr hoch. Sehr kräftig wachsend, aber Blüten nicht besonders attraktiv. Vom Zierwert entbehrlich, Wuchs ausgezeichnet.

'Madame Edouard André' (Veillard, Frankreich, 1892, Jackmanii-Gruppe)
Blüten dunkel weinrot, 10 bis 15 cm breit, Blütenblätter 6, breit verkehrt-eiförmig mit aufgesetzter Spitze, an den Rändern aufwärts gebogen, sich an der Basis überlappend, Staubgefäße cremefarben. Wuchs mäßig stark.

'Madame Grange' (Grange, Frankreich, um 1875, Viticella-Gruppe)
Blüten purpurviolett mit blauem Mittelstreifen, 12 bis 15 cm breit, Blütenblätter 4 bis 6, am Rand nach oben eingerollt, Staubbeutel dunkelrot. Wuchs mäßig stark.

'Madame Julia Correvon' (Morel, Frankreich, vor 1900, Viticella-Gruppe)
Blüten tief weinrot, heller verblühend, 8 bis 12 cm breit. Staubgefäße hellgelb. 4 bis 6 Blütenblätter, verkehrt-eiförmig, an den Spitzen zurückgebogen. Blätter drei- bis siebenzählig oder doppelt-dreizählig, sehr klein. Wuchs mäßig hoch bis hoch. Kleinblumige Sorte mit sehr reicher Blüte und gutem Wuchs. Zierwert und Wuchs sehr gut.

'Margaret Hunt' (Fisk, England, 1969, Jackmanii-Gruppe)
Blüten matt purpurrosa, später heller und mehr blau, 9 bis 11 cm breit. Staubgefäße purpurrot. (4–) 6 Blütenblätter, rautenförmig. Blätter drei- bis fünfzählig. Wuchs hoch. Um 1960 durch Margaret Hunt in Norwegen gewonnen. Überreich blühende Sorte, die bei anhaltendem Regenwetter ihre Blüten rasch abwirft. Zierwert sehr gut, Wuchs ausgezeichnet.

'Margot Koster' (Koster, Holland, 1907, Viticella-Gruppe)
Blüten purpurrot bis dunkelrot, im Verblühen stark ausbleichend, 8 bis 10 cm breit. Staubgefäße purpurrot. 4 bis 6 Blütenblätter, schmal verkehrt-eiförmig. Blätter meist dreizählig, zart. Wuchs hoch bis sehr hoch. Robust und reichblühend, aber mit kleinen Blüten. Vom Zierwert entbehrlich, Wuchs gut.

'Monte Cassino' (Franczak, Polen, 1990, Jackmanii-Gruppe)
Blüten leuchtendrot, 10 bis 15 cm breit, Blütenblätter 6.

'Mrs. Spencer Castle' (Jackman, England, 1913, Viticella-Gruppe)
Blüten heliotroprosa, 16 bis 18 cm breit. Staubgefäß rahmweiß. Zunächst halbgefüllt, später mit 6 schmal-elliptischen Blütenblättern. Blätter dreizählig, selten einfach, dunkelgrün bis schwach bronzefarben. Wuchs hoch. Die mehr oder weniger sternförmigen, einfachen Blüten im Nachsommer sind attraktiver als die ersten Blüten. Zierwert sehr gut, Wuchs gut.

'Neodynamia' (Johnson, Schweden, 1951, Jackmanii-Gruppe)
Blüten samtig purpurviolett, 10 bis 15 cm breit, Rand gewellt und aufwärts gebogen, Blütenblätter 4 bis 6(–8), Staubbeutel grün, an der Spitze braunrot. Wuchs mäßig stark.

'Niobe' (Fisk, England, um 1970, Jackmanii-Gruppe)
Blüten tiefrot bis dunkel purpurrot, später violettrot, 12 bis 14 cm breit. Staubblätter auffallend gelb bis hellgelb. (4–) 6 Blütenblätter, oval bis verkehrt-eiförmig. Blätter dreizählig. Wuchs mäßig hoch. Durch W. Noll in Polen gewonnen, gehört mit der schönen dunkelroten Blütenfarbe zu den interessantesten neuen Sorten. Zierwert und Wuchs sehr gut.

'Perle d'Azur' (Morel, Frankreich, 1885, Jackmanii-Gruppe)
Blüten nickend, himmelblau, zur Mitte hin mit rosalila Hauch, 10 bis 14 cm breit. Staubgefäße grünlichgelb, (4–) 6 Blütenblätter, breit-oval bis rautenförmig, oft überlappend. Blätter einfach bis

Abbildung
'Perle d'Azur'
Seite 34

'Romantica'

'Margot Koster'
Beschreibung
Seite 12

'Venosa Violacea'

dreizählig. Wuchs hoch bis sehr hoch. Alte, aber immer noch wertvolle Sorte, weil reich und lange blühend. Zierwert sehr gut, Wuchs ausgezeichnet.

'Pink Fantasy' (England, 1975, Jackmanii-Gruppe)
Blüten hellrosa mit schwach purpurroten Streifen, 12 bis 14 cm breit. Staubgefäße tief purpurrot. 6 Blütenblätter, breit oval, sich überlappend. Blätter dreiteilig, zuweilen stark gelappt, zart. Wuchs mäßig hoch. Neue, reichblühende Sorte mit einer aparten Blütenfarbe. Zierwert gut, Wuchs sehr gut.

'Prince Charles' (Neuseeland, eingeführt durch Fisk, 1983?, Jackmanii-Gruppe)
Blüten hellblau mit violettem Mittelstreifen, 10 bis 15 cm breit, Blütenblätter 4 bis 6, Staubgefäße hellgelb. Wüchsig und sehr reichblühend.

'Romantica' (Kivistik, Estland, 1983, Jackmanii-Gruppe)
Blüten dunkelviolett, 10 bis 13 cm breit, Blütenblätter 4 bis 6, verkehrt-eiförmig mit aufgesetzter Spitze, sich an der Basis nicht überlappend, unregelmäßig verdreht und am Rand teilweise zurückgebogen, Staubblätter gelb. Wuchs mittelstark.

'Rouge Cardinal' (Girault, Frankreich, vor 1968, Jackmanii-Gruppe)
Blüten samtig dunkelrot bis tief purpurrot, 13 bis 16 cm breit. Staubgefäße purpurrot. 6 Blütenblätter, verkehrt-eiförmig. Blätter einfach und dreizählig, Wuchs mäßig hoch. 'Rouge Cardinal' besticht durch hervorragende Wuchseigenschaften und eine brillante, dunkelrote Blütenfarbe, sie ist eine der besten neuen Sorten. Zierwert und Wuchs ausgezeichnet.

'Royal Velours' (Viticella-Gruppe, 1914)
Blüten samtig violett, 8 cm breit, dunkelste Sorte der Gruppe, sehr reichblühend.

'Rüütel' (Kivistik, Estland, 1980, Jackmanii-Gruppe)
Blüten leuchtend purpurrot und unregelmäßig verteilten dunkleren Partien, 12 bis 16 cm breit, Blütenblätter 6, eiförmig

Links:
'Warszawska Nike'
Rechts:
'Yubileinyi 70'

mit ausgezogener Spitze, sich an der Basis überlappend, Staubbeutel purpurrot. Wuchs kompakt.

'Schneeglanz' (Herkunft unbekannt)
Blüten glänzend weiß, 12 bis 16 cm breit, Blütenblätter spitz zulaufend. Wuchs kräftig. Sehr reich und lange blühend.

'Serenata' (Treasure, England, 1960, Jackmanii-Gruppe)
Blüten tief violettpurpurn mit violettroten Streifen, 13 bis 16 cm breit. Staubgefäße gelb. 6 Blütenblätter, breit-eiförmig, leicht überlappend. Blätter meist dreizählig. Schöne, reichblühende Sorte, die von T. Lundell in Schweden gezüchtet worden ist.

'Star of India' (Cripps, England, vor 1867, Jackmanii-Gruppe)
Blüten nickend, tief violettblau mit wenig auffallenden violettroten Streifen, 10 bis 14 cm breit. Staubblätter grünlichgelb bis weißlich. (4–) 6 Blütenblätter, breit-eiförmig, sich überlappend. Blätter meist einfach. Wuchs hoch bis sehr hoch. Besonders gut wachsend, gesund und überreich blühend. Zierwert sehr gut, Wuchs ausgezeichnet.

'Twilight' (Picton, England, vor 1975, Jackmanii-Gruppe)
Blüten dunkel purpurrosa, später heller, 11 bis 14 cm breit. Staubgefäße gelb. 6 Blütenblätter, oval, überlappend. Blät-

ter einfach oder dreizählig, Wuchs mäßig hoch. Reichblühende englische Sorte. Zierwert gut, Wuchs sehr gut.

'Venosa Violacea' (Viticella-Gruppe, 1883)
Blüten tiefviolett, weiß geadert, 10 bis 14 cm breit. Die 4 bis 6 Blütenblätter sind eigenartig und ungewöhnlich bootförmig aufgebogen. Begehrte alte Sorte.

'Victoria' (Cripps, England, 1870, Jackmanii-Gruppe)
Blüten purpurviolett, im Verblühen hell purpurrot, 13 bis 15 cm breit. Staubgefäße grünlichbraun. 4 bis 6 Blütenblätter, breit rautenförmig, Blätter ein- bis fünfzählig, in der Jugend bronzefarben, Wuchs hoch bis sehr hoch. Sehr alte, reichblühende Sorte, in der Blütenfarbe aber nicht besonders überzeugend. Vom Zierwert entbehrlich, Wuchs sehr gut.

'Ville de Lyon' (Morel, Frankreich, 1899, Viticella-Gruppe)
Blüten dunkel purpurrot mit helleren Streifen, 8 bis 10 (bis 14) cm breit. Staubgefäße goldgelb. 6 Blütenblätter, verkehrt-eiförmig, schwach überlappend. Blätter ein- bis dreizählig. Wuchs mäßig hoch. Gute, alte reichblühende und beliebte Standardsorte, die sich kaum anfällig gegenüber Krankheiten zeigt. Zierwert und Wuchs ausgezeichnet.

'Viola' (Jackmanii-Gruppe, 1983)
Blüten samtig dunkel violett, 13 bis

Abbildungen
'Prince Charles'
Seite 113,
'Rouge Cardinal'
Seite 85,
'Twilight'
Seite 10

16 cm breit, Blütenblätter 6, breit-eiförmig, sich nur wenig überlappend, von der Mitte an zurückgebogen, Staubgefäße weißlich. Sehr reichblühend.

'Voluceau' (Girault, Frankreich, vor 1970, Viticella-Gruppe)
Blüten petunienrot, 9 bis 14 cm breit. Staubgefäße gelb. 6 Blütenblätter, oval bis verkehrt-eiförmig. Blätter einfach bis dreizählig. Wuchs hoch. Zwar wüchsig und reichblühend, im Verblühen aber stark verfärbend. Vom Zierwert entbehrlich, Wuchs ausgezeichnet.

'Warszawska Nike' (Franczak, Polen, 1982, Jackmanii-Gruppe)
Blüten dunkel purpurrot, 12 bis 15 cm breit, Blütenblätter 6 bis 8, eiförmig, vorne stumpf, sich an der Basis überlappend, Staubbeutel gelblichweiß. Wuchs stark. Sehr reichblühend.

'Yubileinyi 70' (Beskaravainaja und Volosenko-Valenis, Rußland, 1970, Jackmanii-Gruppe)
Blüten samtig lilaviolett, 10 bis 14 cm breit, Blütenblätter 5 bis 6, breit-eiförmig, stumpf zugespitzt, sich nicht überlappend. Wuchs stark.

'Yukikomachi' (Kurusawa, Japan, vor 1985, Jackmanii-Gruppe)
Blüten weiß, violett angehaucht, zum Rand hin kräftiger gefärbt, 8 bis 10 cm breit, Blütenblätter 6 bis 8, eiförmig, sich an der Basis überlappend. Wuchs stark. Sehr reich blühend.

Alphabetische Übersicht der behandelten Wildarten und kleinblumigen Hybriden

Art	Wuchs-höhe	Blütenfarbe	Blüte-zeit
Clematis acutangula	0,5–2	purpur bis rosa	5–9
– addisonii	1	rosapurpurn	5–6
– aethusifolia	1–2	blaßgelb	8–9
– akebioides	2–3	gelb	8–9
– alpina	2	blau	5–6
– armandii	bis 5	weiß	4–5
– × aromatica	1,2–2	dunkel violett	7–10
– 'Blue Boy'	1–2	dunkel blauviolett	7–9
– × bonstedtii 'Crépuscule'	0,8	hellblau	6–9
– campaniflora	3–6	weißblau bis hell violett	7–8
– chrysocoma var. *sericea*	bis 6	weiß	5
– cirrhosa	bis 3	gelblichweiß	1–3
– columbiana	1–2	purpur oder blau	4–6
– connata	bis 8	hellgelb	8–10
– crispa	1–2	weißlichblau bis blau	6–9
– × durandii	1,2–1,5	dunkel violettblau	6–9
– × eriostemon 'Hendersonii'	1,5	tief purpurblau	7–9
– flammula	bis 5	weiß	8–10
– florida	bis 4	gelblichweiß	6–7
– fruticosa	0,5	gelb	8
– fusca	2–3	rotbraun bis weißlichviolett	6–8
– gracilifolia	bis 4	weiß	6
– × guascoi	2–4	violettrot	5–6

Art	Wuchs-höhe	Blütenfarbe	Blüte-zeit
– *heracleifolia*	1	blaßblau	8–9
– – var. *davidiana*	1	indigoblau	8–9
– – var. *ichangensis*	1	dunkelblau	8–9
– *hirsutissima*	0,6	tief purpurrosa	5
– *integrifolia*	0,7	purpurn bis dunkelblau	6–8
– × *jackmanii*	3–4	violettpurpur	7–10
– × *jouiniana*	3–5	weißlich bis lavendelblau	8–10
– *koreana*	0,5	stumpf violett	6–8
– *lanuginosa*	2–3	weiß bis hellila	6–9
– *lasiandra*	bis 4	weißlich bis trübrot	8–10
– *ligusticifolia*	bis 6	weiß	6–9
– *macropetala*	2–3	blau bis blauviolett	5–6
– *montana*	bis 8	weiß	5
– *occidentalis*	2	blau bis purpur	5–6
– *ochotensis*	2	violettblau	6–8
– *ochroleuca*	0,5	gelb	5–6
– *orientalis*	3–5	gelb	8–9
– *paniculata*	8–10	weißlichgelb	5–6
– *patens*	2–4	weiß bis violett	5–6
– 'Paul Farges'	bis 6	weiß	7–9
– *pitcheri*	2–3	violett	5–7
– *potaninii*	bis 6	weiß	6–9
– × *pseudococcinea*	2	je nach Sorte	7–9
– *recta*	1–1,5	milchweiß	6–7
– *rehderiana*	bis 7	hellgelb	8–10
– *serratifolia*	bis 3	gelb	8–9
– *sibirica*	2	weiß	5–6
– *songarica*	1,5	gelblich	8–9
– *stans*	1,8	weiß, innen blau	8–9
– *tangutica*	bis 5	gelb	6–10
– *terniflora*	bis 8	weiß	9–10
– *texensis*	bis 2	karmin bis scharlach	7–9
– *tibetana* ssp. *vernayi*	2–3	gelb	8–9
– × *triternata*	bis 4	lila	8–9
– × *vedrariensis*	bis 6	lila oder rosa	5
– *veitchiana*	bis 3	gelblichweiß	9–10
– *virginiana*	3–5	weiß	8–9
– *vitalba*	bis 10	weiß	7–9
– *viticella*	bis 4	purpurrosa bis violett	5

Alphabetische Übersicht der behandelten großblumigen Sorten

Sorte	Blütenfarbe	Zeit *	bes. reich	bes. schön	wüchsig	Liebhaber sorte	Schnittgruppe
'Alabast'	weiß	5–6	O	O	O		1
'Alice Fisk'	lavendelblau	5–6		O			1
'Allanah'	rubinrot	7–9				O	3
'Andrew'	blauviolett	5–6			O		1
'Anna'	hellrosa	5–6				O	1
'Annabell'	hellblau, in der Mitte weiß	5–6				O	1
'Asao'	rosarot mit weißen Streifen	5–6		O	O		1
'Ascotensis'	leuchtendblau	7–9	O		O		3
'Barbara Dibley'	petunienrot, Mittelstreifen dunkler	5–6	O	O	O		1
'Barbara Jackman'	dunkelviolett, Mittelstreifen magentarot	5–6			O		1
'Beauty of Worchester'	tief dunkelblau	5–6				O	1
'Bees Jubilee'	hellrosa	5–6		O	O		1
'Bella'	weiß	6–9	O		O		2
'Belle Nantaise'	lavendelblau	6–7				O	2
'Belle of Woking'	rosa mit silbrigem Glanz	5–6				O	1
'Blekitny'	lilablau	7–9	O		O		3
'Blue Diamond'	himmelblau	5–6				O	1
'Blue Gem'	himmelblau	6–7			O		2
'Boskoop Beauty'	hellblau, Mittelstreifen violettpurpur	6–7	O	O	O		2
'Capitaine Thuilleaux'	hellrosa, Mittelstreifen purpurrosa	5–6	O	O			1
'Carnaby'	himbeerrosa, Mittelstreifen dunkelrot	6–7	O				2
'Caroline'	rosa	7–9	O		O		3
'Cassiopeia'	weiß	6–9			O	O	2
'Chalcedony'	eisblau	5–6		O		O	1
'Colette Deville'	tief purpurrot	7–9			O		3
'Comtesse de Bouchaud'	rosa	7–9	O	O	O		3
'Corona'	karminrosa	5–6	O				1
'Countess of Lovelace'	lilablau, gefüllt	5–6				O	1
'Crimson King'	weinrot	6–7		O	O		2
'Daniel Deronda'	violettblau, halbgefüllt	5–6				O	1
'Dawn'	perlweiß	5–6				O	1
'Dorothy Walton'	hellpurpur	7–9	O		O		3
'Dr. Ruppel'	mattrosa, Mittelstreifen purpurrosa	5–6	O	O	O		1
'Duchess of Edinburgh'	rahmweiß, gefüllt	7–9			O	O	1
'Edith'	weiß	6–7				O	2
'Edomurasaki'	dunkelviolett mit hellrötlichen Mittelstreifen	6–9		O	O		2
'Elsa Späth'	violettblau	6–7			O		2
'Ernest Markham'	petunienrot	7–9			O		3
'Etoile de Malicorne'	violettweiß, Mittelstreifen violettpurpur	5–6		O	O		1
'Etoile de Paris'	violettblau, Mittelstreifen violettrot	5–6				O	1

Sorte	Blütenfarbe	Blüte: Zeit*	bes. reich	bes. schön	wüchsig	Liebhaber sorte	Schnittgruppe
'Etoile Violette'	dunkel purpur	7–9	O		O		3
'Fair Rosamond'	bläulichweiß mit weinrotem Mittelband	5–6				O	1
'Fairy Queen'	fleischrosa mit dunklerem Mittelband	6–9				O	2
'Fujimusume'	lavendelblau	6–9		O			2
'General Sikorski'	violettblau	6–7	O				2
'Gilian Blades'	weiß mit cremefarbenem Streifen	5–6	O				1
'Gipsy Queen'	samtig dunkel purpur, mit rötlichen Adern	7–9	O		O		3
'Gladys Picard'	blauweiß mit dunkleren Streifen	5–6				O	1
'Guiding Star'	tief violettrot	6–7		O	O		2
'Hagley Hybrid'	tief rosa	7–9		O	O		3
'Haku Ookan'	violettblau, halbgefüllt	5–6		O			1
'Hanagurama'	purpurrosa	5–6		O		O	
'Henry'	weiß	6–7		O	O		2
'Herbert Johnson'	rötlichviolett	5–6				O	1
'H. F. Young'	wedgewoodblau	5–6		O	O		1
'Hidcote Purple'	purpurviolett mit purpurroten Streifen	6–9				O	2
'Horn of Plenty'	tief rosa-malvenfarbig	5–6	O				1
'Huldine'	perlmuttweiß	7–9	O	O	O		3
'Hybrida Sieboldii'	hellblau	6–7			O		2
'Imperial'	hellpurpurn mit dunklerem Mittelstreifen	5–6				O	1
'Jackmanii Alba'	weiß	7–10			O		3
'Jackmanii Superba'	dunkel purpurblau	7–10	O	O	O		3
'James Mason'	weiß	5–6			O		1
'Joan Picton'	blaß lilarosa, Mittelstreifen blauweiß	5–6	O				1
'John Huxtable'	weiß	7–9				O	3
'John Paul II'	hell purpurrosa, Mittelstreifen dunkler	7–9		O	O		3
'John Warren'	karminrosa mit weiß	6–7	O				2
'Kacper'	purpurviolett	6–9		O	O		2
'Kardynal Wyszynski'	hell purpurrot mit rotem Mittelstreifen	7–9	O	O	O		3
'Karin'	purpurviolett	5–6			O		1
'Kasugai'	mattviolett	6–9				O	2
'Kathleen Dunford'	hellpurpur mit rosa Schattierung	6–8		O	O		2
'Kathleen Wheeler'	hell violettblau	5–6				O	1
'Königskind'	königsblau	5–10	O	O			1
'Königskind rosa'	malvenrosa	5–10	O				1
'Lady Betty Balfour'	purpurblau	8–10	O				3
'Lady Londesborough'	blaßblau bis malvenfarben	5–6				O	1
'Lady Northcliffe'	lavendelblau	6–7		O			2
'Lasurstern'	violettblau	5–6		O	O		1
'Lawsoniana'	hell violettblau	6–7		O	O		2
'Lincoln Star'	hellrosa	5–6				O	1
'Luther Burbank'	purpurviolett	7–9	O		O		3

Sorte	Blütenfarbe	Blüte: Zeit*	bes. reich	bes. schön	wüch-sig	Lieb-haber sorte	Schnitt-gruppe
'Madame Baron Veillard'	lilarosa	7–9			O		3
'Madame Edouard André'	dunkel weinrot	7–9	O			O	3
'Madame Grange'	purpurviolett mit blauem Mittelstreifen	7–9			O	O	3
'Madame Julia Correvon'	tief weinrot	7–9	O	O	O		3
'Madame Le Coultre'	weiß	6–7	O	O	O		2
'Marcel Moser'	violettlila	5–6				O	1
'Margaret Hunt'	matt purpurosa	7–9					3
'Margot Koster'	purpurrot bis dunkelrot	7–9				O	3
'Maria Louise Jensen'	blauviolett	5–9	O	O			1
'Maureen'	samtig purpurrot, Mittelband purpurn	6–9				O	2
'Miss Bateman'	weiß	5–6			O		1
'Miss Crawshay'	zart lilarosa	5–6				O	1
'Monte Cassino'	leuchtendrot	7–9		O		O	3
'Moonlight'	grünlichgelb	5–6				O	1
'Mrs. Cholmondeley'	lavendelblau	6–7	O		O		2
'Mrs. George Jackman'	cremeweiß	5–6				O	1
'Mrs. James Mason'	violettblau mit dunkelrotem Mittelband	5–6	O		O		1
'Mrs. N. Thompson'	violettblau, Mittelstreifen purpurrot	5–6		O			1
'Mrs. P.B. Truax'	zart lilablau	5–6				O	1
'Mrs. P.T. James'	hell violettblau	6–7			O		2
'Mrs. Spencer Castle'	rosa, halbgefüllt	7–9		O			3
'Multi Blue'	tief violettblau	5–6		O		O	1
'Natascha'	hell violett mit rosa Mittelband	5–6				O	1
'Nelly Moser'	rosalia, Mittelstreifen rot	5–6	O		O		1
'Neodynamia'	samtig purpurviolett	7–9				O	
'Niobe'	tiefrot bis dunkel purpurrot	7–9		O	O		3
'Percy Picton'	purpurrosa	5–6	O			O	1
'Perle d'Azur'	himmelblau	7–9	O	O	O		3
'Peveril Pearl'	blaß lilarosa	5–6	O		O		1
'Phoenix'	violett mit purpurnen Streifen	5–6			O		1
'Pink Fantasy'	hellrosa, schwach purpurrot gestreift	7–9	O		O		3
'Prince Charles'	hellblau mit violettem Mittelstreifen	6–9	O	O			3
'Prins Hendrik'	hell purpurblau	6–7		O			2
'Proteus'	dunkelrosa	5–6		O		O	1
'Rhapsodie'	violettblau	6–9		O			2
'Richard Pennell'	purpurrosa	5–6		O			1
'Romantica'	dunkelviolett	6–9	O	O	O		3
'Rouge Cardinal'	samtig dunkelrot	7–9	O	O	O		3
'Royalty'	rötlichpurpurn	5–6				O	1
'Royal Velours'	samtig violett	7–9	O				3
'Rüütel'	leuchtend purpurrot	7–9	O	O			3
'Schneeglanz'	weiß	6–9	O	O			3
'Sealand Gem'	lavendelblau, Mittelstreifen dunkler	6–7				O	2
'Serenata'	tief violettpurpur	7–9				O	3

Sorte	Blütenfarbe	Blüte: Zeit *	bes. reich	bes. schön	wüchsig	Liebhaber sorte	Schnittgruppe
'Silver Moon'	violettweiß	6–7		○	○		2
'Sir Garnet Wolseley'	bläulich	5–6			○		1
'Snow Queen'	weiß mit bläulichem Hauch	5–6				○	1
'Star of India'	dunkel purpurblau	7–9	○		○		3
'The President'	violettblau	5–6	○	○	○		1
'Thorleif'	blauviolett	5–6			○		1
'Trianon'	blauviolett mit dunklerem Mittelstreifen	5–6				○	1
'Twilight'	dunkel purpurrosa	7–9				○	3
'Ulrique'	rosa violett mit dunklerer Mitte	5–6				○	1
'Venosa Violacea'	tiefviolett, weiß geadert	7–9			○		3
'Veronica's Choice'	lavendelfarben rosalila schattiert und gestreift	5–6	○			○	1
'Victoria'	purpurviolett	7–9			○		3
'Ville de Lyon'	purpurrot	7–9	○	○	○		3
'Viola'	samtig dunkelviolett	7–9	○	○	○		3
'Violet Charm'	purpurblau	6–7		○			2
'Violetta'	hellviolett mit dunkler Mitte	6–9		○		○	1
'Voluceau'	petunienrot	7–9			○		3
'Vyvyan Pennell'	purpurblau, gefüllt	5–6		○			1
'Wada's Primrose'	grünlichgelb	5–6			○		1
'Warszawska Nike'	dunkel purpurrot	7–9	○	○	○		3
'W.E. Gladstone'	hell violettblau	6–7		○			2
'Wilhelmina Tull'	dunkelviolett mit weinrotem Mittelstreifen	5–6				○	1
'William Kennett'	hell violettblau	6–7		○	○		2
'Xerces'	violett, Mittelstreifen purpur	5–6				○	1
'Yubileinyi 70'	samtig lilaviolett	7–9		○	○		3
'Yukikomachi'	weiß, am Rand purpurn	5–10	○	○			3
'Yvette Houry'	rein blau	6–7				○	2

* angegeben ist die erste Hauptblütezeit, ohne Berücksichtigung der nicht selten starken Nachblüte

Verzeichnisse

Literaturverzeichnis

Althaus, C.: Fassadenbegrünung. Patzer Verlag, Berlin und Hannover 1987

Bean, W.J.: Trees and Shrubs. 8. Auflage. Butler & Tanner, London 1976.

Bärtels, A.: Gartengehölze. 3. Aufl. Verlag Eugen Ulmer, Stuttgart 1991.

Bärtels, A.: Gehölzvermehrung. 3. Aufl. Verlag Eugen Ulmer, Stuttgart 1989.

Bärtels, A.: Gehölze für den Garten. Verlag Eugen Ulmer, Stuttgart 1993

Bärtels, A.: Das große Buch der Ziergehölze. Verlag Eugen Ulmer, Stuttgart 1995

Evison, R.J.: Making the most of Clematis. Floraprint, Nottingham 1985.

Fisk, J.: Clematis. A Wisley Handbook. Cassel, London 1985.

Fisk, J.: Clematis: The Queen of Climbers. Cassels Publishers Limited, London 1994

Fretwell, B.: Clematis. Stedtfeld Verlag, Münster 1990

Fretwell, B.: Clematis as Companion Plnats. Cassels Publishers Limited, London 1994

Fitschen, J.: Gehölzflora. 8. Aufl. Verlag Quelle & Meyer, Heidelberg 1987.

Hegi, G.: Illustrierte Flora von Mitteleuropa, II. Band. J.F. Lehmann's Verlag. München 1906.

Jelitto, C.R.: Nichtschlingende Clematis. Der Erwerbsgärtner 28, S. 1329 ff, 1970.

Jouin, E.: Die in Deutschland kultivierten, winterharten Clematis. Jahrbuch der Deutschen Dendrologischen Gesellschaft 1907.

Köhlein, F.: Pflanzen vermehren. 7. Aufl. Verlag Eugen Ulmer, Stuttgart 1986.

Köhler, M.: Fassaden- und Dachbegrünung. Verlag Eugen Ulmer, Stuttgart 1993

Krüssmann, G.: Handbuch der Laubgehölze, Bd. I. Verlag Paul Parey, Berlin und Hamburg 1976.

Laar, H.J. van de, Jong, P.C. de: Namenliste Gehölze. Proefstation voor de Boomkwekerij, Boskoop 1995

Lloyd, C., und Dennett, T.: Clematis. Viking Press, New York und London 1989.

Menzel, P. und Menzel, I.: Das Kletterpflanzenbuch. Verlag Eugen Ulmer, Stuttgart 1988

Menzinger, W., und Sanfleben, H.: Parasitäre Krankheiten und Schäden an Gehölzen. Verlag Paul Parey, Berlin und Hamburg 1980.

Michel, H., und H. Umgelter: Pflanzenschutz im Garten. Verlag Eugen Ulmer, Stuttgart 1982.

Roloff, A. und Bärtels, A.: Gehölze, Erkennen, Bestimmung, Vorkommen, Eigenschaften und Verwendung. Verlag Eugen Ulmer, Stuttgart 1995

Scheller, H.: Clematis-Wildarten für unsere Gärten. Gartenpraxis 5, 1981, 199–206.

Scheller, H.: Die großblumigen Garten-Clematis. Gartenpraxis 6, 1981, 266–269 und 7, 1981, 303–306.

Snoijer, W.: Clematis Index. Jan Fopma, Boskoop 1991

Toovere, G.: List-Catalogue of Large-flowerd Clematis. AS Infotrükk, Tallinn 1992

Troll, W.: Vergleichende Morphologie der höheren Pflanzen. Bd. 1 Vegetationsorgane. Gebrüder Bornträger, Berlin 1939.

Van de Laar, H.J.: Clematis – Grootbloemige Hybriden. Dendroflora 22, S. 33–58, 1985.

Snoeijer, W.: Checklist of Clematis grown in Holland. Wim Snoeijer 1996.

Toovere, G.: List-Catalogue of Large-flowerd Clematis. AS Infotrükk, Tallinn 1992.

Troll, W.: Vergleichende Morphologie der Höheren Pflanzen. Band 1 Vegetations-organe. Gebrüder Bornträger, Berlin 1939.

Van de Laar, H.J.: Clematis – Grootbloemige Hybriden. Dendroflora 1985, 22, Seite 33–58.

Westphal, F.M.: Clematis Farbkatalog 1. 1996.

Bezugsquellen

Baumschulen, die Clematis auch in kleinen Stückzahlen versenden:

Ingwer J. Jensen GmbH, Am Schloßpark 2b, 24960 Glücksburg.

Lacon GmbH, J.-S.-Piazolostraße 4a, 68759 Hockenheim.

Gartenbau – Spezialkulturen, Friedrich Westphal, Peiner Hof, 25497 Prisdorf.

Alfred Forster AG, CH-3207 Golaten (liefert Pflanzen in 5-l-Töpfen).

Pieter Zwijnenburg Jr., Halve Raak 18, 2771 AD Boskoop, Niederlande.

The Valley Clematis Nursery, Willingham Road, Hainton, Lincoln LN3 6LN.

Cedergren & Co. Plantskola, Box 16016, 25016 Raa, Schweden.

Bildquellen

Reiner Herling: Seite 6
Irene Lehmann: Seite 10, 11, 19, 33, 14, 45, 65
Sigurd Lock: Seite 15 unten rechts
Münster-Baumschulen, Altenmoor: Seite 26, 61 links, 100
World Wide Plant Pictures: Seite 23 mitte rechts, 27, 30, 36, 85 oben rechts, mitte, unten rechts, 93 oben links, 107 oben rechts, 113 oben links, mitte links

Titelbild und alle übrigen Fotos vom Autor

Register

- 'Dawn' 92
- *dioscoreifolia* var. *robusta* s. *C. terniflora*
- 'Dorothy Walton' 108, 109*
- 'Dr. Ruppel' 85*, 92
- *douglasii* s. *C. hirsutissima*
- 'Duchess of Edinburgh' 92, 93*
- × *durandii* 6*, 52
- – 'Pallida' 52
- 'Edith' 103
- 'Edomurasaki' 101*, 103
- 'Elsa Späth' 103
- × *eriostemon* 'Hendersonii' 52
- 'Ernest Markham' 93*, 108
- 'Etoile de Malicorne' 85*, 92
- 'Etoile de Paris' 94
- 'Etoile Violette' 110, 111*
- 'Fair Rosamond' 70, 94
- 'Fairy Queen' 103
- *fargesii* s. *C. potaninii*
- × *fargesioides* s. *C.* 'Paul Farges'
- *flammula* 74*
- *florida* 69
- – 'Alba Plena' 70
- – 'Sieboldii' 69
- *forsteri* 82
- 'Fortunei' 70
- *fruticosa* 58
- 'Fujimusume' 103
- *fusca* 65
- 'General Sikorski' 102*, 103
- 'Gilian Blades' 94
- 'Gipsy Queen' 110
- 'Gladys Picard' 94
- *glauca* var. *akebioides* s. *C. akebioides*
- 'Golden Harvest' 71, 73*
- 'Golden Tiara' 39*
- *gracilifolia* 74
- × *guascoi* 70
- 'Guiding Star' 103*
- 'Hagley Hybrid' 110, 111*
- 'Haku Ookan' 85*, 94
- 'Hanagurama' 94
- 'Helios' 43*
- 'H.F. Young' 94, 95*
- 'Henryi' 70, 103
- *heracleifolia* 25*, 53
- – var. *davidiana* 53
- – – 'Gentianoides' 53
- – var. *ichangensis* 53
- 'Herbert Johnson' 94
- 'Hidcote Purple' 103*, 104
- *hirsutissima* 49, 50*
- – 'Rosea' 50
- 'Horn of Plenty' 94
- 'Huldine' 109*, 110
- 'Hybrida Sieboldii' 104
- 'Imperial' 94
- *integrifolia* 18*, 44*, 50, 51*
- – 'Alba' 51
- – 'Myogin' 51
- – 'Olgae' 51
- – 'Pastel Blue' 51
- – 'Rosea' 45*, 51
- – 'Tapestry' 51
- × *jackmanii* 23*, 67
- 'Jackmanii Alba' 67, 110
- 'Jackmanii Superba' 67, 110
- 'James Mason' 94
- 'Joan Picton' 94
- 'John Huxtable' 19*, 110
- 'John Paul II' 110
- 'John Warren' 104
- × *jouiniana* 53
- – 'Campanile' 54
- – 'Cote d'Azur' 54
- – 'Mrs. R. Brydon' 54*
- – 'Oiseau Bleu' 54
- – 'Praecox' 54*
- 'Kacper' 104, 105*
- 'Kardynal Wyszynski' 110, 113*
- 'Karin' 94
- 'Kasugai' 104
- 'Kathleen Dunford' 93*, 95
- 'Kathleen Wheeler' 95
- 'Königskind' 95*
- 'Königskind rosa' 96
- *koreana* 62
- – f. *lutea* 62
- 'Lady Betty Balfour' 110, 113*
- 'Lady Londesborough' 96
- 'Lady Northcliff' 104, 105*
- *lanuginosa* 70
- *lasiandra* 74
- 'Lasurstern' 85*, 96
- 'Lawsoniana' 70, 104
- *ligusticifolia* 8*, 76
- 'Lincoln Star' 96
- 'Luther Burbank' 110, 113*
- *macropetala* 61
- – 'Alborosea' 62
- – 'Ballet Skirt' 62
- – 'Blue Bird' 62
- – 'Floralia' 62
- – 'Jan Lindmark' 62
- – 'Lagoon' 62
- – 'Maidwell Hall' 23*, 62
- – 'Markhams Pink' 61*, 62
- – 'Pearl Rose' 61*, 62
- – 'Rosy O'Grady' 62
- – 'Snowbird' 62
- – 'White Moth' 62
- – 'White Swan' 62
- 'Madame Baron Veillard' 112
- 'Madame Edouard André' 112
- 'Madame Grange' 112
- 'Madame Julia Correvon' 11*, 33*, 112, 113*
- 'Madame Le Coultre' 36*, 104, 105*